# LES NOSTALGÉRIADES

FATIHA AGAG-BOUDJAHLAT

# LES NOSTALGÉRIADES

Nostalgie
Algérie
Jérémiades

LES ÉDITIONS DU CERF

www.editionsducerf.fr
24, rue des Tanneries
75013 Paris

ISBN 978-2-204-14325-7

*À Shérazade, jeune femme remarquable que j'ai eu la chance d'avoir comme élève.*
*Et à tous mes élèves de Marseille et de Toulouse.*
*Je vous dois beaucoup. Et vers vous vont tous nos devoirs.*

Donnez la parole à la douleur.
Le chagrin qui ne parle pas
murmure au cœur gonflé
l'injonction de se briser.
Malcolm, *Mac Beth*

Un homme qui crie
n'est pas un ours qui danse.
AIMÉ CÉSAIRE

# INTRODUCTION

## JÉRÉMIADES

Dieu bénisse l'étymologie et ses petits miracles d'amusements. Le terme de jérémiades est lié au prophète de l'Ancien Testament Jérémie, mi-Cassandre, toujours à alerter sur le pire et jamais écouté, mi-pythie, trichant volontiers pour faire état de ces signes annonciateurs de la réprobation et du châtiment divins à venir. Ce terme désigne dorénavant des plaintes, des lamentations sans fin qui insupportent ceux qui ont à les subir.

Désormais, le seul statut reconnu et valorisé est celui de victime, il faut prouver qu'on l'est, de tout, tout le temps.

Les ressources humaines des médias et des universités ne sont plus intéressées par les *curriculum vitae*, recensant un parcours, une trajectoire, une formation, des actions, mais par les *curriculums traumae*, ou *victimae*, corrélant la légitimité et la visibilité d'un militant à la somme de ses traumas ou à un bingo des oppressions. L'expert n'est plus expert que de lui-même, de son ressenti, de ses souffrances et de celles et ceux qui lui ressemblent. L'expert ne fait que du témoignage.

Ce qui compte est l'endroit d'où l'on parle. Ou plutôt d'où l'on prétend parler, tant les nouveaux militants gauchistes réactionnaires, indigénistes, néoféministes racialistes, sont eux-mêmes dans une construction identitaire individuelle et collective que nous serions bien avisés de déconstruire, suivant en cela leur exemple. Les idées et les engagements sont désormais présentés comme le prolongement naturel de son identité. L'utérus et la teinte de l'épiderme déterminent les convictions et légitiment la prise de parole. Puisque les idées sont l'extension de l'identité, en débattre, les contester revient à opprimer celui qui les formule. Le débat n'est plus possible, en tous cas il ne porte plus sur les idées, mais sur la personne qui les porte.

Et puis, il y a une dimension performative dans le langage, ces prédictions relèvent de la prophétie autoréalisatrice. Nous devenons victimes. Que disent-elles de nous ces jérémiades ? Nous tiennent-elles lieu d'horizon ? Absorbent-elles tout notre être ?

*Introduction*

# Nostalgie

Le *Heimweh* est un terme allemand utilisé pour décrire la souffrance des soldats de jadis servant à l'étranger, *heim* pour maison, *weh* pour mal. Ce sentiment est légitime, toujours. Douloureux pour n'importe quel immigré, ou émigré. Mais a-t-il une dimension épigénétique ? Comment peut-il se transmettre aux enfants d'immigrés nés et grandissant dans un nouveau pays ? Pour leurs parents, il est spontané, naturel. Pour leurs enfants nés ailleurs, il est inculqué. Comment pourraient-ils être nostalgiques d'un pays qu'ils ne connaissent pas ? Comment quelques semaines par an en condition exceptionnelle, les vacances avec un pouvoir d'achat européen supérieur, peuvent-elles faire naître un sentiment d'amour et de nostalgie aussi fort ? Au point que cette nostalgie empiète sur leur présent et leur interdise de s'enraciner ici ? Est-ce un gage de loyauté offerte à leurs parents ?

Chacun a son bled. C'est le pays de nos origines, de nos parents. Le pays dans lequel vivent nos oncles, tantes, cousins, quelquefois nos grands-parents. C'est aussi un pays que des habitants ont quitté volontairement, pour une meilleure vie, pour en revenir mieux armé financièrement. C'est déjà le début du problème dans la faille narcissique que connaissent tous les enfants d'immigrés : le bled, on l'a quitté parce qu'on n'y vivait pas bien.

Autre problématique, plus identitaire : quelle est la nature du lien qui nous attache à ce pays ? Et pourquoi cette attache semble-t-elle empêcher l'enracinement ici ? Il y a une culpabilité qui est surcompensée par un patriotisme cocardier envers un pays qui n'est dans les faits qu'un lieu de villégiature pour nous. C'est le pays du retour pour nos parents, pas pour nous, leurs enfants. Nous sommes dans une relation de va-et-vient. De consommation de tourisme de masse. Nous y sommes des immigrés français. Nous sommes tenus et heureux de faire profiter ce pays de notre réussite matérielle. Avec des conséquences quelquefois drôles.

## Algérie

Je n'ergoterai pas sur la colonisation française. En fait, je n'en ai qu'une approche scientifique liée à mon métier d'enseignante d'histoire et de géographie. Et quand vient le moment d'enseigner la guerre d'Algérie à mes élèves de troisième, je reste dans cette dimension scientifique, d'autant plus cruciale que les élèves ont une méconnaissance et des fantasmes incroyables sur cette période. Cette histoire ne m'appartient pas, elle appartient à mes parents et à leurs parents. Mon père n'est pas venu en France à cause de la guerre d'Algérie, il est venu en France en raison des relations linguistiques et politiques particulières et uniques entre ces deux pays. Je ne m'approprierai pas la souffrance des Algériens qui ont vécu la colonisation et ont souffert de la guerre d'indépendance. Je reconnais et respecte cette souffrance. Je ne l'exploiterai pas pour mon ego ou mon agenda politique. Ce n'est pas mon histoire, c'est leur histoire et c'est l'histoire.

Du temps où l'Algérie imposait le service militaire à tous ses jeunes ressortissants, très peu d'enfants d'immigrés avaient demandé la double nationalité, et très peu s'y rendaient tant que cette menace d'incorporation planait sur eux. La loi modifiée, les demandes de naturalisation algérienne ont fortement augmenté. Plus qu'un soudain patriotisme, c'est l'explosion du prix des visas qui motiva ces demandes, l'Algérie faisant de sacrés bénéfices sur le dos des immigrés et de leurs enfants. Beaucoup ont alors préféré se faire faire un passeport plutôt que de payer chaque année 80 euros pour un visa de tourisme. À quoi cela tient, une nationalité... J'ai toujours refusé de demander ma naturalisation algérienne, en toute cohérence avec l'amour que j'ai pour la France et le fait que je n'en éprouve que peu pour ce pays que je ne connais pas, ou mal. J'éprouve pour lui de l'amitié... sceptique. Et pourtant, je suis obligée de la demander. Mon père étant mort récemment, pour que l'héritage soit distribué, chacun de ses huit enfants doit faire une procuration au consulat. Bien entendu, étant une fille, je ne toucherai que la moitié de ce qui reviendra à chacun de mes sept frères, ma mère bénéficiant du même traitement discriminatoire... Je m'y suis donc rendue il y a un an. La fonctionnaire m'a alors expliqué que je devais être algérienne pour faire cette procuration et pour hériter d'un bien en Algérie. Mon frère qui m'accompagnait a hurlé de rire et s'est empressé de le textoter à mes frères qui savent ma retenue émotionnelle envers ce pays. J'ai alors affirmé à l'employée du consulat que je renonçais à ma part d'héritage. Hors de question de demander la nationalité d'un autre pays juste pour quelques centaines d'euros... au mieux. Ce à quoi elle m'a répondu : « Il faut avoir la nationalité algérienne pour renoncer à l'héritage. »

Je ne veux pas empêcher mes frères d'hériter... Je suis donc en train de demander la nationalité algérienne, qui passe par une immatriculation au consulat, puis un certificat, puis le passeport, puis la carte d'identité, parce que l'établissement d'un passeport rapporte plus d'argent à l'État. Une fois l'héritage soldé, je renoncerai à cette nationalité parce qu'elle n'a pas de sens pour moi. Et j'avoue m'étonner de la passion de mes frères pour ce pays qu'ils ne connaissent que le temps des vacances. Quatre de mes frères y sont nés et y ont passé leur petite enfance, pour eux je peux le comprendre. Mais pour ceux qui sont nés ici, je ne le comprends pas très bien. Certains persiflent en disant que mon manque de patriotisme, élan du cœur et de la tête qu'ils dénigrent et interdisent quand il se réfère à la France, mais qu'ils trouvent naturel et obligatoire quand il concerne le bled, est lié à un traumatisme d'enfance que j'ai eu la bêtise de confier dans un article. Ils aiment pourtant les traumas, les victimes, seulement quand ils contrôlent le narratif anti-France de leur résilience.

En 1991, mes parents nous ont emmenés, nous, leurs huit enfants, en vacances en Algérie. Nous aurions dû être sur nos gardes, notre père n'avait jamais été aussi gentil. Nous ne sommes pas allés dans la maison familiale construite à Mascara avec les salaires et les aides touchés en France. Notre père nous a volé nos documents d'identité et nous a laissés à la rue. Il avait déjà versé les arrhes de sa deuxième épouse. Ma mère a eu l'extrême intelligence de se rendre au consulat français et de dire qu'elle avait perdu nos papiers. Si elle avait dit la vérité, le consulat n'aurait rien fait : la loi algérienne s'appliquait et si le chef de famille voulait nous coincer en Algérie, il en avait le droit... Ma mère a réussi à nous ramener en France, tous ses enfants à la fois. Pour découvrir que mon père avait vidé l'appartement, aidé d'un voisin ami de notre famille, pour emporter tous les meubles dans sa maison, où il commencerait une nouvelle vie avec sa nouvelle femme. Bon, il a été marié sept fois en tout. Alors oui, l'Algérie est pour moi le pays des hommes tout puissants sur leurs femmes et leurs enfants. C'est une punition que mon père a voulu nous infliger, une prison dans laquelle il a voulu nous enfermer sans ressource. Pour ma mère et mes frères, c'est leur pays, celui de leur famille, celui des vacances. Chacun ses traumas. Ils ne nous définissent pas et ne construisent pas une trajectoire, ils peuvent l'éclairer cependant. J'ai compris que je voulais l'égalité entre les femmes et les hommes. J'ai compris qu'une femme devait être indépendante matériellement. Je l'ai appris à la dure. Mais je sais combien la position d'enfant d'immigrée est difficile.

Français là-bas, algérien ici. Un immigré est un transfuge de classe, quittant un niveau de vie souvent misérable pour aller vers un niveau de vie toujours difficile, mais tellement supérieur à celui de son pays. Un enfant d'immigré est un double transfuge de classe : un plus grand écart le sépare de la famille de ses parents au bled. Il aura accès aux leviers lui permettant d'avoir une autre trajectoire. Mais l'écart se creuse tout autant avec ses parents. Tous vivent en France, mais chacun dans un espace-temps et une ambition de vie différents. Ce n'est pas la double peine pour l'enfant d'immigré, c'est la double pénitence. La double culpabilité. Vis-à-vis du pays de ses parents qui n'est plus vraiment le nôtre. Vis-à-vis de nos parents, alors que nous parlons correctement le français, que nous jouons les interprètes et les écrivains publics pour eux, face au dédale administratif. Nous étions déjà Français, et nous ne le savions pas. Certains, comme Houria Bouteldja, ont raconté leur honte de leurs parents face à ceux de leurs camarades bien d'ici. J'ai pour ma part toujours trouvé drôle et étonnant d'entendre ma mère nous parler français sans accent, et tellement mieux que les autres mères du quartier, alors que, confrontée à un fonctionnaire français, elle prenait un accent blédard et commettait des fautes comiques. Pas autant que cette mère marocaine avec qui je faisais le ménage l'été dans une usine. Elle me vouvoyait, et tutoyait tous les cadres. Elle n'a jamais réussi à faire les choses dans le bon sens. Est-ce que j'ai eu honte ? Je crois que, surtout si on fait des études, on perd patience. On en veut à nos parents de ne pas comprendre les enjeux. Ma famille a toujours pensé et pense encore que j'ai fait un BTS puisque je suis restée dans un lycée après mon bac. En fait de BTS, c'étaient les années d'hypokhâgne et de khâgne.

Didier Eribon, Édouard Louis ou Annie Ernaux. Des transfuges de classe fameux qui en font commerce de littérature. Je les ai lus. J'ai ressenti souvent ce qu'ils ont décrit. Je n'ai pas été dupe de leur choix de minorer le capital culturel dont ils ont bénéficié, surtout l'icône Ernaux. Il y a aussi cette colère, cette rancœur de ce que leurs parents n'aient pas été à leur hauteur, ou plutôt à la hauteur de ceux de leurs camarades. C'est cette honte qui ne s'efface pas et qui se mue tantôt en colère et en rejet des siens, tantôt en amertume. Ou quelquefois en volonté révolutionnaire contre le système capitaliste. Leurs parents prolétaires ? Mes parents étaient issus du lumpenprolétariat, d'un autre pays, sans réseau familial. Au concours des difficultés matérielles et des capitaux manquants, je les bats haut la main. Mais cette rancœur reste... J'ai passé le CAPES d'histoire-géographie tout en faisant des remplacements de profs, la bourse de 300 euros (j'avais pourtant le niveau le plus élevé, le niveau 7) ne suffisait pas. Je l'ai réussi à mon premier essai, en arrivant 80e. Un camarade fils de deux enseignants, qui n'avait jamais eu à travailler, s'était hissé, lui, au

256e rang. L'été de ce succès, je suis retournée faire du ménage en usine, après de chaleureuses félicitations de ma mère. Lui s'est vu offrir une voiture et une année sabbatique. Étais-je envieuse ? Oui. En tous cas, j'étais dégoûtée de n'avoir pas de vacances et de rebosser à l'usine. Mon ami Francis m'avait consolée en disant que je pouvais être plus fière de ma réussite que ce fils de profs. Que ma réussite avait plus de valeur que la sienne. Une sorte d'orgueil de self-made-woman devait m'étreindre. Oui. En raisonnant. Mais restait et reste l'amertume et il n'y a rien de positif à retirer de l'amertume. Elle peut devenir colère, et les reproches faits aux parents, à la vie, à la France, affluent. La fatigue d'avoir fait plus que les autres. L'amertume d'avoir dû faire tellement plus que les autres. Je n'ai pas fini de forger ma propre définition de l'équité. Est-ce la garantie que chaque enfant des classes populaires n'ait pas à faire plus de chemin ou d'efforts que ceux des classes plus privilégiées pour avoir accès aux mêmes opportunités ? Ce serait illusoire. Sauf à faire grandir tous les enfants en internat, parce que le premier lieu des inégalités de chances se situe dans la famille, et ce constat, lorsqu'on en prend conscience, est source d'une grande souffrance.

J'ai ressenti aussi la rancœur de n'avoir pas pu réussir mieux. Je ne savais pas ce qu'était Normale

Sup. Rien ne dit, personne ne dit, encore moins moi-même, que j'aurais pu réussir ce concours, même en ayant su à quoi m'attendre. Et pourtant... Il y a donc cette amertume vis-à-vis de ses parents et vis-à-vis de soi. Et surtout il y a ce décalage, ce déphasage permanent vis-à-vis des siens, l'incommunicabilité de nos expériences. Enfant d'immigré, toutes ces expériences et ces sensations comptent double. On ne ressent ce transfuge-transgression que lorsque l'on quitte les siens, pour les études, le travail, et lorsque, les retrouvant, on ne se sent plus à sa place. L'enfant d'immigré est un double transfuge de classe. Un transfuge de classe au carré. Alors les mécanismes de survie se mettent en place de décompression et/ou de surcompensation. De rupture ou d'immersion. On va oublier, ou surjouer. Se mettre en couple avec un homme à l'opposé de sa famille, blond aux yeux bleus et athée militant, ou aller chercher une épouse parmi ses cousines au bled. Parfois les termes se posent et s'imposent en alternative, et nous sommes piégés par les injonctions à la loyauté. Parfois ils se combinent et nous savons le rôle qu'il nous faut jouer en fonction de nos partenaires de jeux et de la scène où nous jouons, la famille, le quartier, ou le travail et les amis. Mon frère, converti chrétien, pieux, brillant, se comporte avec son épouse Caroline comme le pire des machos blédards quand nous nous retrouvons en famille. Il est avec nous comme il n'est pas au travail ou dans son église. Où et quand est-il lui-même ? Chez lui, j'espère. Parce que ces jeux sont coûteux en énergie et qu'il faut bien se reposer. À ce décalage de classe, s'ajoute ce décalage ethno-culturel. L'injonction de montrer patte non blanche, non blanchie, que l'on n'a pas trahi en adoptant les codes et les manières des puissants, des plus riches, des autres, des Blancs. Le complexe Benzema. Millionnaire, heureux loin des siens, parsemant les réseaux sociaux de formules religieuses, mais mêlé à une sordide histoire de chantage à la *sextape* contre un de ses coéquipiers. Fadela Amara qui a laissé son appartement de fonction à son frère quand elle était secrétaire d'État, se mettant en faute... Prendre conscience et verbaliser la dimension toxique de son milieu d'origine, c'est le pas qu'il et elle n'ont pu ou décidé de franchir parce que cela revenait à risquer de se voir reprocher par les siens, ses copains de quartier, d'avoir changé, d'avoir trahi. Cette loyauté mal placée vis-à-vis de gens envieux complique l'accumulation de capital, comme me le disait avec humour un ami professeur d'économie. Il faut donner, offrir, faire profiter les siens de sa réussite. En fait, il s'agit de les dédommager de notre départ, de notre envie de ne pas vivre avec eux. Les doubles transfuges de classe doivent s'acquitter d'une lourde et perpétuelle pension alimentaire. C'est le prix de notre liberté, de notre loyauté réduite à ce racket communautaire que l'on a intériorisé jusqu'à en effacer la dimension coercitive. Il faut donner des gages. Tout le temps, à tout le monde. De son intégration, de sa non-intégration. Prouver que l'on joue le jeu. C'est sans fin. C'est épuisant. Nous aimons ceux avec qui nous avons grandi sans vouloir poursuivre cette colocation de quartier avec eux. Nous aimons nos familles sans les supporter quelquefois. Personne n'est plus drôle que les membres de ma famille. Mes frères sont protecteurs, courageux, travailleurs. J'aime l'humilité de ma famille. On ne joue pas à la famille parfaite. On se dispute, on s'embrouille, mais on est une famille, on rit, on aime la vie comme certains aiment la mort. On s'aime, à notre manière, quelquefois brutale, trop souvent sans douceur. Cette douceur et cette tendresse dont on a été privés, nous en faisons profiter la troisième génération, et la vingtaine de nouveaux Boudjahlat grand-remplaceront notre gêne et nos pudeurs culturelles mal placées en étant à l'aise dans leurs baskets. Nos parents durs parce qu'endurcis sont ainsi de très chouettes grands-parents. J'aime mes frères, mais il n'y en a qu'un seul avec qui je discute comme je discute avec mes amis. Je sais que mes frères m'aiment tout en me trouvant parfaitement ennuyeuse et inintéressante. Ce n'est pas grave. La solution réside sans doute là :

il suffit de ne pas *graviser* les choses. Comme Théodore Monod qui après avoir consacré des années de sa vie à trouver des météorites, conclut son échec par un magnifique « tant pis ». Si chacun osait répondre un : « C'est pas grave » et un « Tant pis » à toutes les sommations et injonctions à tenir notre place... ce serait le repos éternel du guerrier. Surtout, nous avons tous besoin de nous enraciner. D'être lié inconditionnellement à un endroit qui serait un chez-nous et dans lequel on se sentirait chez soi. L'Algérie remplit cette fonction pour beaucoup. Cela relève du fantasme. Mais le fantasme est aussi nécessaire à la vie que la nourriture.

# Chapitre premier

# « FAIS-LEUR SAVOIR D'OÙ TU PARLES »

En dépit de nombreuses sollicitations, j'ai refusé de débuter ma « carrière littéraire » par une œuvre biographique. « Ma vie, mon œuvre », « Comment j'ai échappé à des barbus fous », « La valise en carton halal ». Il faut dire que j'ai été aidée dans ce choix par le fait qu'aucun barbu ne m'a jamais poursuivie...

Entre autres, un sociologue très réputé me l'avait demandé. Il était venu enquêter dans ma ville d'origine il y a plus de 20 ans. Nous avions eu un entretien de plusieurs heures. De celui-ci, il n'avait rien repris dans son livre. J'en avais conçu une grande amertume. C'était un effacement. Une oblitération. À la faveur du hasard des réseaux sociaux, nous avons repris contact il y a trois ans et sommes devenus amis. Bien que je craigne encore que l'objet d'études prenne le pas sur l'amie. J'ai pu alors lui dire le fond de ma pensée : il avait joué les Procuste. Il n'avait rien retenu de mes propos parce qu'ils ne cadraient pas avec l'orientation misérabiliste de son livre. Sa *storytelling*.

Mon ressenti d'alors : je détonnais sans doute, engagée à 18 ans dans le mouvement de Jean-Pierre

Chevènement. Aimant la France. Accordant une grande place à la responsabilité individuelle tout en étant attachée à un État fort et interventionniste. Avec cet effacement, je n'étais qu'une anomalie appelée à disparaître. J'étais devenue une légende, à la manière du personnage de Richard Matheson, Neville. Comme lui, je m'avisai que c'était moi le monstre. Matheson ajoutait : « C'est la majorité qui définit la norme, non les individus isolés. » Il a tort. Ce sont les sociologues et les médias qui la définissent, avec cette dimension performative propre à la sociologie qui prétend dire et analyser le réel. Prétendant en rendre compte de manière intelligible, ils en créent un simulacre commode. C'est assez nourrissant pour mon narcissisme que de penser que je suis unique. Exceptionnelle. J'ai plutôt tendance à croire que je ne suis pas la seule de mon genre, que je peux prétendre à représenter d'autres personnes, et donc à être assez représentative pour être au moins évoquée dans une étude qui se voulait de terrain. Je devais apparaître dans ce livre. Blessure d'ego. Blessure d'orgueil sans doute.

Le sociologue s'est senti coupable. Puis il est devenu mon ami. Je ne cesse de le provoquer sur sa propension à écrire dans la presse contre le mal d'extrême droite, mais à réserver à nos échanges privés ses critiques sur l'indigénisme et l'islamisme, deux formes de « politisation négative » tout autant d'extrême droite.

Il m'a donc plusieurs fois demandé d'écrire sur ma vie, mon enfance. « Pour que les gens comprennent d'où tu parles ». Les gens, entendez les gens de gauche, les seuls qui comptent. Ces bonnes gens effrayés et rebutés par mes tribunes. Par ma position républicaine, laïque, féministe universaliste. Il fallait les rassurer à coup de misère, donner des gages de gauche. Quand on a été pauvre, on plaît aux gens de gauche. À condition de rester à la place que leur grande générosité de cœur nous assigne. Victime, survivante. À la rigueur, le traumatisme d'une enfance saccagée peut faire l'affaire et attendrir suffisamment pour que l'on me pardonne de ne pas être dans cette nouvelle norme à la mode. À l'inverse, et c'est d'une violence infinie, les mêmes prescripteurs qui s'extasient devant la douleur quand elle va dans le sens de leur agenda et de leur posture idéologique, réduisent et psychiatrisent les personnes qui font état de leurs expériences, mais ont le tort d'en tirer les mauvaises conclusions : me voilà délégitimée et discréditée en raison même de ce trauma dont je ne serais pas remise et qui m'aveuglerait. L'attaque misogyne par excellence, comme celle d'être hystérique, ou folle, mais qui *passe crème*, puisque ce sont les prescripteurs du bien qui en sont à l'origine...

C'est à vomir. C'est crade. C'est injuste. Tordu. Malhonnête. Ça salit. Je ne ressens que du mépris à leur égard. Ils n'ont pas à valider mon vécu, ils n'ont pas même à m'accorder un droit de cité. C'est la condescendance des bons bourgeois incapables d'appréhender l'Autre sans le biais de la pitié ou de la charité, qui les rassure sur leurs cœurs généreux, « leurs yeux tout pénitents ne pleurant qu'eau bénite », cependant qu'est instaurée assez de distance pour qu'ils n'aient à le fréquenter, cet Autre. Juste le frisson anthropologique de ceux qui confondent leurs compatriotes avec des Papous fraîchement sortis de leur jungle. Qui s'encanaillent sur notre dos.

Mes rencontres et confrontations avec la sociologie m'ont toujours laissé un sale goût dans la bouche. Comme ce colloque international organisé à Aix-en-Provence en juin 2018, ayant pour thème *les Sociétés sécularisées aux défis des fondamentalismes religieux*. J'y développai une analyse sur le CCIF, et l'émergence d'une emprise et d'un pouvoir communautaires. Les sociologues présents n'ont pas été satisfaits par ma prestation dûment préparée, étayée, argumentée. Il y avait eu un malentendu. Je n'avais pas compris qu'eux se réservaient le droit d'analyser et que moi je devais simplement exposer mon cas, ma vie. J'étais un objet d'analyse, certainement pas un sujet qui analyse. Encore une de ces humiliations dont la gauche des intellos a le secret.

Une autre fois, j'ai été interrogée par une sociologue reconnue, et très engagée à gauche... (peut-il seulement en être autrement... ?), descendue à Toulouse pour enquêter sur le dialogue interreligieux.. Je lui ai immédiatement dit que je n'étais pas engagée dans les mouvements associatifs et que je ne savais pas ce qui était fait sur ce sujet à Toulouse. Elle me rassura, et l'entretien commença. Chaque fois que je prenais la parole, elle me coupait pour me dire que j'avais tort et que ce n'est pas ce qu'elle observait. J'ai dû me fâcher pour de bon, lui faire remarquer l'incongruité à interviewer une personne pour la contredire sur son vécu et son appréciation des choses, et la nourrir de la misère humaine dont les sociologues aiment à se repaître : et bien sûr, mon vécu difficile me donnait enfin la légitimité de m'exprimer. Elle avait commencé nos échanges en expliquant combien la droite était méchante et les universitaires de droite, dangereux. Elle les concluait par cette question qu'elle répéta avec insistance, déçue de ma réponse : « Mais quand même, vous regardez Adama Traoré et ce qui s'est passé avec Sarah Halimi, vous ne trouvez pas qu'on en fait beaucoup avec les juifs ? Qu'il y a deux poids deux mesures ? » Devoir expliquer à une chercheuse la différence entre une bavure policière et un assassinat antisémite est déjà une chose étonnante. Lui dire qu'il ne devrait pas y avoir une concurrence entre les victimes, en fonction de leurs origines et couleur de peau, m'a vaccinée à vie contre ces entretiens complètement directifs et biaisés.

C'est pour cela que je parle désormais de *l'Église de Sociologie* ; forçant le trait, par envie d'en rire et pour la désacraliser : ces sociologues, à mes yeux, « délivrent bien de l'extérieur un savoir dans le même temps qu'ils fabriquent de l'intérieur une orthodoxie [1] ». Ils ne produisent pas de la science, mais de la norme. De la vertu.

Je ne cède pas au récit de vie... Je concède des morceaux de chair, mon vécu pour illustrer mon cheminement intellectuel et mon engagement. Un de mes frères m'a demandé de changer de nom pour écrire et répondre aux invitations des médias. Il est membre du Collectif contre l'islamophobie en France et je lui fais honte. Déjà parce que dans ma famille, la pudeur est une valeur cardinale. On ne

1. Tiré de l'article de Jeanne Favret-Saada, *Une anthropologie des polémiques à enjeux religieux : le cas des affaires de blasphème*. Je détourne bien sûr sa formule qui vise les leaders religieux orthodoxes prétendant agir au nom des droits civils.

parle pas de ce qui se passe dans la famille. C'est un puissant facteur de dignité, mais aussi de souffrance et de frustration. Parce que chez nous comme dans les autres familles d'immigrés, une large partie de ce passé a été réinventé. Réenchanté. Je dérange aussi ce frère surtout à cause de mes idées. Eh bien non : ce nom m'appartient autant qu'il appartient à mes sept frères, et à ma mère. C'est aussi mon histoire, mon vécu. Ils y apparaissent, parce qu'ils font partie de mon histoire et que je fais partie de la leur. Personne ne me volera mon histoire, personne ne me dépouillera de mon ressenti ou ne m'interdira de le raconter et de l'analyser.

J'ai écrit deux essais. Solides. Complexes. Pas sexy pour un sou. Le premier m'a valu ce SMS de ma mère, à qui je l'avais dédié : « Je te jure, je suis fière de toi, mais franchement, je ne comprends rien à ton livre, je ne peux pas le lire. » Normal *mummy*. Je ne voulais pas faire un récit de vie qui m'aurait enfermée dans un rôle. C'est certes un gage de succès éditorial. C'est la porte empruntée par bien des femmes maghrébines qui avaient pourtant des choses à dire parce qu'elles les avaient pensées, et une analyse de ce qu'elles avaient vécu. Nous sommes capables de penser, de décider, d'arbitrer, d'analyser nos propres expériences. Cette légitimité intellectuelle, et pas biographique, ethnographique, anthropologique, au final pathologique, c'est la première chose que les bourgeois refusent et sur laquelle ils prétendent garder le monopole. À nous le récit, à eux l'analyse. Eh bien non.

À moi le récit de vie et à moi l'analyse de ce récit de vie. Employer la première personne du singulier est certes un exercice singulier pour moi. Ce n'est pas une fin en soi de raconter des morceaux de vie, familiale ou professionnelle. Vous saurez donc d'où je parle. Mais comme l'écrivait Jean-Paul Rabaut Saint-Étienne : « Nous connaissons l'histoire, mais l'histoire n'est pas notre code. » Notre vécu ne nous engloutit pas, ne nous résume pas, ne définit pas une trajectoire intellectuelle ou de vie. Appelez cela résilience puisque l'époque est à la traumatologie. C'est juste la vie.

## Chapitre 2

# « AU BLED, ÇA COÛTE RIEN »

Je donnais un cours de géographie sur les aménagements touristiques de Port Saïdia au Maroc à une classe de sixième. Comme d'habitude, les élèves d'origine marocaine ronronnaient de fierté, et ceux d'origine algérienne pestaient. L'un d'entre eux, cela n'avait comme très souvent rien à voir avec le cours, a alors pris la parole pour affirmer qu'en Algérie, l'eau et l'électricité étaient gratuites. Plutôt que d'argumenter, j'ai préféré m'appuyer sur une source directe. J'ai appelé ma mère, qui a un appartement et vit en Algérie au moins cinq mois par an, et je l'ai mise sur haut-parleur. Je lui ai demandé si les affirmations du jeune garçon étaient justes. Elle a haussé le ton d'étonnement, me demandant dans quelle ville il vivait, s'il disposait d'un puits, détaillant ses différentes factures. Je la remerciai et raccrochai. Les autres élèves riaient et certains ont poussé un « Ouuuuh, comment elle t'a cassé la mère de Mme Boudjahlat ! » Je dis alors au garçon que la prochaine fois, j'appellerais mes frères. Le lendemain, il est venu me voir tout penaud pour me dire qu'il en avait parlé à ses parents et que non, l'eau et l'électricité n'étaient pas gratuites en Algérie.

Quelque temps après, je rentrai dans ma famille et racontai l'anecdote. Un de mes frères qui se rend très souvent en vacances en Algérie m'expliqua après y avoir réfléchi qu'il comprenait le gamin, que c'était la faute des parents nés en France. Que lui-même ne cessait de dire à ses enfants : « Venez, on va au resto, ça coûte rien. Venez, on va acheter des habits, ça coûte rien ». Sans leur expliquer la notion de pouvoir d'achat, de différence de niveau de vie entre les deux rives de la Méditerranée. Les enfants transforment cela en : *l'Algérie est le pays où tout est gratuit.* L'Algérie est pour eux un eldorado. Ils y vont pour les vacances et en déduisent que personne n'y travaille. Ils sont bien accueillis par la famille, sans qu'ils ne fassent le lien entre cet accueil et les cadeaux qu'ils apportent, ou la brièveté de leur séjour. J'ai même dû expliquer à une Franco-Algérienne d'une classe de quatrième qu'il faisait froid en Algérie l'hiver, qu'il pouvait neiger dans l'arrière-pays. Non, l'Algérie, c'est le pays de l'éternel été, des vacances, il y fait toujours beau, tout le monde va au restaurant, dépense sans compter. La France est le pays des obligations, de la scolarité, du travail, des impôts, des économies à faire. Ils vivent en appartement dans des quartiers ici. Dans des maisons là-bas. J'ai toujours à cœur de montrer aux élèves qu'ils ont prise sur leurs vies. Qu'ils ne seront les otages d'aucun destin funeste, déterminisme ou malédiction. Pour la majorité d'entre eux, et je le vérifie chaque année comme enseignante, vivre dans un quartier sensible est le fruit d'un arbitrage et ils doivent prendre conscience de cette part d'arbitrage. Ils pourraient vivre dans plus petit, ailleurs. Leurs parents ont fait le choix d'investir au bled, et d'avoir une grande maison au pays à la place d'un appartement ici. Sans oublier ce que le quartier apporte en confort de vie, en services communautaires. Nos élèves ont besoin que les profs du syndicat Sud leur apprennent qu'ils sont discriminés et stigmatisés par l'habitat. Parce que eux qui y vivent bien, le vivent bien et y vivent bien. Au point d'être dans l'hypersédentarité. Il y a un effet tunnel, entre des élèves qui ne sont jamais allés à Paris, n'ont jamais pris le train, mais sont coutumiers des trajets entre leur ville et le bled. C'est d'ailleurs une difficulté supplémentaire au moment de l'orientation et de l'affectation de nos élèves après le collège. J'ai vu beaucoup d'entre eux refuser le lycée qui correspondait pourtant le mieux à leurs envies et capacités, parce qu'il était trop loin de chez eux, en fait, juste sur une autre ligne de bus ou de métro que celle qu'ils avaient l'habitude d'emprunter. Ils savent prendre un avion d'une compagnie low cost, mais emprunter un autre itinéraire de transport collectif leur semble une gageure ou un effort trop important à fournir. Le géographe Laurent Faret a eu cette formule très juste : « On est passé d'une culture de la mobilité à un capital social du mouvement. » Et ce capital est aussi socialement discriminé que son équivalent culturel ou scolaire.

Au bled, ça ne coûte rien... Nos élèves fantasment et sont obnubilés par le bled. Leur premier réflexe est de se dire Algériens, Marocains, Turques, quand bien même ils sont nés, grandissent et vivent en France. Ces parenthèses magiques des vacances scolaires deviennent leur identité. Et c'est du bout des lèvres, ou après une démonstration, qu'ils concèdent être Français. Sans l'affectif qui les lie si fort à ce bled. Ils y ont un comportement typique du tourisme de masse. Hyperconsommateur. Génération des *maghré-biens*. Ils y ont leurs familles étendues. Ils y placent leur centre de gravité. Et d'abord parce que c'est l'exemple et l'éducation affichés par leurs parents. Ceux-ci sont issus de ma génération. Ils ont connu les difficultés matérielles d'enfants d'immigrés de fraîche date. On me demande souvent comment j'explique la retraditionnalisation des descendants d'immigrés arabo et turco-musulmans. Ce « déficit » d'intégration qu'on leur prête. S'il existe, c'est paradoxalement à une réussite de la République qu'on le doit. Une réussite matérielle des enfants d'immigrés qui ont tous du travail, sont en majorité devenus propriétaires, ont un pouvoir d'achat certain.

C'est aussi dû au développement du low cost. Quand j'étais petite, il fallait accumuler des biens sur un ou deux ans pour partir au bled, rentabiliser le voyage avec des biens destinés à meubler la maison de là-bas, à offrir comme cadeaux, ou à être vendus pour amortir le coût du voyage. Surtout quand il s'agit de partir en famille. Nous n'étions que des familles nombreuses, en général sept à neuf enfants. La Peugeot 505 Break, le camion C25D ont permis ces longues expéditions jusqu'aux ports espagnols d'Alicante ou Alméria. Maintenant, ce n'est plus un séjour au bled par an, mais plusieurs. Un séjour étendu l'été, et pour que les billets soient moins chers, on part de la mi-juin à la mi-septembre quelquefois. Ce que je peux comprendre pour les Comoriens parce que le prix du billet d'avion est astronomique. Ce que je comprends moins pour les Maghrébins, même si les compagnies de bateau et d'avion se goinfrent en augmentation tarifaire pendant l'été ou pendant le ramadan. Il y a même des parents qui ne prennent pas de vacances pendant l'année pour partir un maximum de temps l'été. Ici, ils seront donc épuisés. Là-bas, détendus et au repos. Quelles associations mentales les enfants font-ils donc entre le bled, les vacances, la France, le travail et l'école...

Après discussion, les élèves admettent donc qu'ils sont Français. Ce qui est facilité par la présence dans beaucoup de classes d'immigrés de fraîche date. Cela permet de se rappeler que la France est une destination désirable. Je leur demande de la décence face aux migrants qui risquent leurs vies pour venir en Europe. Mais souvent ils gardent une considération administrative de leur identité française. Ils sont Français de papier, ils sont Algériens, Marocains, etc. de cœur. Alors qu'eux-mêmes sont les premiers à moquer leurs camarades immigrés en les qualifiant de blédards. J'ai l'habitude de leur dire qu'ils sont Français de bouche, que l'insolence qu'ils s'autorisent ici est bien Française. Ils savent ce qu'elle leur vaudrait, au bled, c'est-à-dire des coups. Il y a bien sûr de la provocation dans le fait de ne se revendiquer que de la nationalité du pays de ses grands-parents. Il y a aussi de la loyauté vis-à-vis d'eux et de leurs pays. Il y a la répétition de ce que leurs parents leur disent. Il y a aussi cet immense vide dans l'enseignement : on n'apprend pas à aimer la France. C'est aussi une conséquence de la laïcité : aucun culte à l'école, y compris celui de l'État ou du pays. La terrible accusation de nationalisme émerge des milieux enseignants. Je suis toujours amusée de les voir mal à l'aise ou s'étrangler devant un drapeau français, mais ne pas réagir devant les drapeaux étrangers dont les élèves aiment à décorer leurs cahiers, carnets de correspondance ou même les tables des salles de classe. Les mêmes qui sortent le drapeau palestinien dans n'importe quelle manifestation accusent l'État d'endoctrinement parce qu'il a eu l'audace de faire voter l'installation d'un drapeau français dans chaque classe. Comme cet élu de Saint-Denis qui était tout fier de montrer sa boîte de mouchoirs achetée pendant ses vacances en Algérie, décorée du drapeau algérien. Je lui ai bêtement fait demander pourquoi il n'en avait pas acheté en France aux couleurs de la France, alors que j'aurais simplement dû lui faire remarquer que cela revenait à se moucher dans le drapeau algérien...

Le cocardisme français, c'est le mal, le retour des heures les plus sombres. Mais vous ne pouvez faire un pas en Angleterre sans voir l'Union Jack ou un portrait de la Reine. C'est la même chose partout. Il n'y a vraiment qu'en France que l'affection pour son pays est criminalisée. Au point d'avoir réduit la France à un ensemble de guichets de services jusqu'à pervertir les droits en dus sociaux et présenter les devoirs en diktats. Comment peut-on s'attendre à ce que les enfants, d'où qu'ils viennent, et les adultes se sentent ici chez eux s'ils ne ressentent rien pour ce pays et qu'on leur apprend que c'est une sorte de salle d'attente ? Un purgatoire au sens premier du terme ? Comment oser justifier de les faire grandir hors sol ? L'extrême droite qualifie les enfants d'immigrés de Français de papier. Comme elle, les gauchistes réduisent la nationalité et de l'identité française à la simple détention de papiers. Les deux courants sont identitaires et établissent une hiérarchie sur une base ethnique. La souche seule compte pour les deux courants. Ce sont des horticulteurs qui ne cultivent que de la morbidité. On se moque de la souche. C'est l'enracinement qui importe, comme volonté, comme appropriation. On a besoin d'être chez soi quelque part. Et on prend soin de son chez-soi. Mais on se retrouve à égrener devant les élèves tous les bénéfices liés à la vie en France. La sécurité sociale. L'école gratuite. Les aides. La sécurité. On réduit la France à ces services, j'ai eu le tort de le faire moi-même devant les élèves. Cela ne suscite qu'un attachement d'opportunité de jouissance. Cela ne fait pas des citoyens. Cela ne construit pas le sens de l'intérêt général. Cela ne construit pas une Nation. Je prends désormais le problème à bras-le-corps et j'assume de dire aux élèves qu'ils doivent aimer la France. Encore une fois, je récuse l'alternative. Ils n'ont pas à choisir entre aimer la France et aimer le bled et donc leurs familles. Ils peuvent et doivent aimer les deux. Et que cela soit évident vis-à-vis du bled et pas de la France n'est pas acceptable.

Mon père est mort le 11 novembre 2018 dans l'aéroport d'Oran, dans les bras de mon frère qui le ramenait en France pour être soigné d'une maladie attrapée dans un hôpital. Ce frère si généreux. Ce frère si enthousiaste et fier d'aller si souvent en Algérie. « *One, two, three, viva l'Algérie* » à tout bout de champ. J'ai écouté ce frère pleurer au téléphone, hurlant que l'Algérie était un pays de merde. Dans les hôpitaux algériens, c'est la famille du patient qui doit venir nettoyer la chambre et laver le malade, qui doit le nourrir et même apporter les médicaments que souvent le personnel soignant, si mal payé, vole et revend. Le dernier ministre de la Santé de Bouteflika a fait accoucher sa femme en France. C'est en Europe que les riches Algériens se font soigner. Ou dans les cliniques privées algériennes hors de prix et hors de portée des Algériens. Ma cousine se tue au travail à Toulouse pour acheter les poches de coloscopie pour son frère lourdement handicapé qui vit en Algérie. Au bled, il y a la *Hagra* généralisée, systémique : l'abus de pouvoir, l'abus de force des autorités qui ne vous protègent pas et auprès desquelles vous devez monnayer vos droits. Ce n'est pourtant pas la Sécurité sociale qui doit faire aimer la France. Il faut faire comprendre que l'histoire longue de la France a abouti à ce pacte de solidarité entre générations, entre valides et non valides, travailleurs et chômeurs ou retraités, entre riches et moins riches. Ça ne marche pas mieux en Europe et en Occident parce que ce sont des territoires blancs supérieurs et donc arrogants. Mais parce que la lutte politique et sociale a permis d'arracher le progrès, lutte qui n'est pas terminée. La vie compte en France. La qualité de vie compte tout autant. Et quand, dans le but maladroit de faire aimer la France en jouant sur la reconnaissance qu'on lui doit, on compare niveau de développement, de solidarité de la France avec celui du bled, on aboutit à l'effet inverse. On renvoie juste aux élèves l'idée que le pays de leurs parents est nul, inférieur, en voie de développement. On ne construit pas un attachement entre un peuple et son pays sur un syndrome de Stockholm. L'État français garantit ces droits économiques et sociaux à tous ceux vivant en France, détenteurs de la nationalité ou pas. Ce n'est pas une faveur, un acte de générosité. C'est le droit établi par une République sociale. Nos élèves doivent aimer la France comme ils aiment le bled, pas parce que c'est la France, pas parce que la France est plus riche que l'Algérie, mais parce que la France est leur pays. Un enfant n'aime pas ses parents parce qu'ils le nourrissent et l'habillent. Il les aime parce qu'ils sont ses parents. Aussi mauvais parents qu'ils puissent être. C'est essentiel de se savoir de quelque part pour grandir. Et personne ne doit sommer à l'amnésie pour les enfants et les petits-enfants d'immigrés. Mais personne ne peut vivre dans un fantasme. Or la vision du bled est largement fantasmée, déformée. On assomme les élèves avec la colonisation et ses malheurs ? Puis avec l'immigration et ses malheurs ? Il y a une réparation sacrée à obtenir ? On transmet un trauma qui n'est pas le nôtre, qui est celui de nos parents et de nos grands-parents. Un trauma qui ne les a pas dispensés de faire des choix, d'être intelligents, de *benchmarker*.

Un exemple. J'ai maintenant trois ou quatre élèves par classe qui sont des Marocains d'Espagne, et des Tunisiens d'Italie. Leurs parents, en raison des liens étroits qui lient leurs pays respectifs, ont obtenu un titre de séjour et se sont installés en Espagne ou en Italie. Ils y ont eu des enfants. Lorsque ceux-ci ont eu la nationalité espagnole ou italienne, ils sont venus s'installer en France. Je leur ai déjà posé la question de la raison de leur installation en France. Après tout, ils étaient déjà en Europe. Aucun lien avec la présence de famille dans la métropole. *Benchmarking* des salaires, des possibilités de progression sociale et des aides. Cela donne des situations très intéressantes. Au moment de la crise indépendantiste en Catalogne par exemple. Deux élèves d'origine marocaine se sont disputés en classe. L'un, né et scolarisé à Barcelone, défendant le référendum d'indépendance. L'autre, né et scolarisé à Madrid, était vent debout contre. Nous sommes liés à la terre où nous sommes nés, et à celle où nous avons grandi. C'est cela l'enracinement. Au moment de la coupe du monde, tous soutenaient d'abord leur pays d'origine puis la France. Quand le Maroc a été éliminé, faisant taire les sempiternelles batailles de clochers entre Maghrébins, je demandai à un de ces deux élèves maroco-espagnols quel pays il allait soutenir maintenant. Tranquillement, il me répondit : l'Espagne. Et si l'Espagne était éliminée ? La France. Il trouverait toujours à être du côté des vainqueurs selon une chaîne affective complexe. Cela donne des élèves doués en langues. Arabe, italien, et même catalan et castillan, j'ai une élève de sixième ajoutant à ces dernières langues la maîtrise du basque et se débrouillant bien en français. L'immigration n'est pas un drame pour eux. C'est une trajectoire. Ce ne sont pas des migrants sur des bateaux de fortune. Ce sont des experts ambitieux. Et eux connaissent mieux le bled que nos petits Français petits-enfants d'immigrés. Ils savent pourquoi ils sont partis. Et la feuille de route imposée par leurs parents est claire : réussir à l'école, être diplômé, trouver un bon travail. Quitte pour le brillant et adorable Amine, le catalan ombrageux, à se projeter en Allemagne pour son avenir professionnel, en raison des salaires plus élevés. Eux se projettent dans l'avenir, nous, nous coinçons nos élèves dans le passé et l'ailleurs. Quand j'enseignais à Marseille, tous les projets culturels de mon collège tournaient autour de l'immigration. Plaçons donc un miroir devant les élèves, pour leur dire : « Voilà ce que vous êtes, ce qui vous définit, restez bien à cette place pour honorer les vôtres », quand l'école est censée offrir aux élèves une longue vue.

L'extrême droite, l'extrême gauche et l'extrême islamisme sont obsédés par l'identité, mais l'identité figée, monolithique. Je m'échine à faire comprendre aux élèves que l'identité comprend une part de choses innées, le biologique, la génétique ; une part de choses reçues, l'éducation familiale, tradition et religion, et l'environnement. Il y a aussi une part, qui doit être la plus importante, de choses acquises, fruit de découvertes, d'apprentissage, d'arbitrages. Et la religion relève des choses reçues. Elle n'est un choix que pour les convertis, ou pour ceux qui, la pratiquant depuis l'enfance, ont opté pour une pratique plus orthodoxe que celle qui leur a été transmise. Elle ne peut donc engloutir à elle seule l'identité, forcément mouvante, complexe, évolutive. Nous ne pouvons enfermer les enfants dans une logique de pure duplication. C'est d'autant plus hypocrite que nous ne transmettons pas ce que nous sommes et avons été, mais une vision fantasmée de ce que nous étions, nous enfants d'immigrés. Nous piégeons alors nos enfants dans des injonctions de loyauté et de conformité. Je vois les parents de ma génération, avec lesquels j'ai grandi, qui ont fait les quatre cents coups, qui ont même donné et reçu ces quatre cents coups, se payer une vertu religieuse à peu de frais en envoyant leurs enfants à l'école coranique. Leurs enfants maîtrisent un arabe que leurs parents ne maîtrisent pas. Pratiquent une religiosité et une orthodoxie que nous ne pratiquions pas. L'imam remplace le père *chibani* comme guide. Jusqu'à ces scènes insupportables d'arrogance. Mon frère qui explique à ma mère la bonne façon de pratiquer sa religion, elle qui a le double de son âge : elle avait osé faire brûler de l'encens pendant le ramadan, or selon mon frère : « C'est la seule fumée qui rentre dans l'estomac, donc qui casse le ramadan... » Quel merveilleux gastro-entérologue de la foi... Parce que l'islam des experts en hadiths, qui précisent de quel pied il faut rentrer dans les toilettes et de quel pied il faut en sortir, est supérieur à l'islam culturel que pratiquaient nos parents. Comme ce Tweet d'une musulmane en France : « J'ai l'impression c'est à nous d'apprendre l'islam à nos parents parce qu'au fil du temps ils ont mélangé culture et religion. » Plus vous êtes orthodoxe, meilleur musulman vous êtes : et voilà des enfants méprisant l'islam de leurs parents. Méprisant le parcours migratoire de leurs parents. Méprisant le métier de leurs parents.

Tout en les aimant passionnément. Alors ils s'arrangent. Ils reconstruisent leur identité, leur histoire, pour en être les acteurs et non les victimes, ils optent pour l'orthodoxie, et cette orthodoxie va déborder sur toutes les autres sphères de l'identité qui finit par s'y résumer. Une de mes nièces métisse, dont la mère est chrétienne non pratiquante, a décidé de porter un voile orthodoxe à l'entrée au lycée. Au dernier été, elle, mes cousines, ma mère, mes tantes, toutes voilées, sont allées sur une des plages d'Oran. Toutes ont enlevé leurs voiles. Pas cette nièce. Mon frère a dû aller lui acheter un *burkini* pour qu'elle accepte de se baigner. Il faut mesurer la part d'orgueil et de vanité à être meilleure musulmane que les autres, qui eux n'ont pas ces problématiques identitaires et sont des musulmans pieux et tranquilles qui n'ont rien à prouver. Ce frère est le plus merveilleux et généreux des hommes et des pères. J'aime ma nièce et nous avons plus en commun que notre caractère. Nous ne sommes pas d'accord. Et ce n'est pas grave.

C'est l'aboutissement des efforts combinés des islamistes et des indigénistes pour construire ce qu'est un musulman authentique : orthodoxe, visible, voyant, communautaire. Avec le piège du zèle que soulignait le psychanalyste Fethi Benslama avec la notion de « surmusulman », soit

« la contrainte sous laquelle un musulman est amené à surenchérir sur le musulman qu'il est par la représentation d'un musulman qui doit être encore plus musulman ». C'est tellement insultant pour nos parents et leurs parents. Tout est divisé entre le *haram*, l'illicite et le *halal*, le licite. Les tatouages conduisent à l'enfer. Imaginez la violence de ces exigences pour les mères arabes, souvent berbères, qui sont tatouées sur le visage, jambes, bras. Ces experts décrètent impur le visage de nos mères ? La tradition n'est acceptable que lorsqu'elle vient au secours d'une vision rigoriste nouvelle, importée des pétromonarchies de l'islam. Mon frère m'a dit ceci un jour : « Je suis sûr que tu crois que c'est moi qui oblige ma fille à porter le voile. » Ce à quoi j'ai répondu : « Non mon frère, tu as juste créé un monstre que tu ne peux plus contrôler. » Pour ce qui est de ce qu'elle peut faire, elle n'écoute plus son père, mais l'imam. Nous avons été élevés dans la piété, pas dans l'orthodoxie idiote. Même ceux qui ont depuis opté pour une pratique plus experte et rigoriste portent en eux la mémoire de ce passé. Ils sont donc en mesure de relativiser. Ce dont leurs enfants envoyés à la mosquée s'avèrent incapables, eux qui n'ont connu que cette orthodoxie vaniteuse comme moyen de faire la fierté de leurs parents. Qui est dans le juste ? Dans l'authentique ? Nous ne sommes pas wahhabites. La burqa n'est pas maghrébine. L'islam de nos parents est digne d'estime. Et tout aussi valable religieusement. Cette hiérarchie aux dépens de notre vraie éducation est odieuse et mensongère. Nous élevons nos enfants dans le fantasme d'un pays que nous ne connaissons pas parce que nous n'y avons pas grandi. Nous connaissons la France. Et c'est en France que nos enfants sont nés et doivent pouvoir se projeter et se sentir bien sans se sentir coupables de trahison. Cette volonté de pureté conduit à ce que plein de gens de mon quartier se marient avec une blédarde ou un blédard, le plus souvent après des déceptions amoureuses ici. Ce phénomène a été observé aussi en Angleterre. Le rapport remis par Lady Louise Casey au bureau de la Première ministre[1] donne cet exemple probant : dans une ville du nord de l'Angleterre, tous les conseillers municipaux originaires du Pakistan et du Bangladesh sauf un étaient allés chercher une épouse dans leur pays d'origine. Il y a pourtant des femmes d'origine pakistanaise et musulmanes en Angleterre. Pas suffisant. Outre les stratégies familiales, il y a aussi clairement une volonté d'authenticité, une épouse de là-bas est jugée sans doute plus pure, plus pieuse, et soyons honnête, plus docile, plus obéissante, une femme au

1. *The Casey Review, A review into opportunity and integration*, Dame Louise Casey, DBE CB, décembre 2016.

foyer obéissante. Alors que les filles d'immigrés qui ont grandi eu Europe ont pris de mauvaises habitudes, dont celles de se considérer comme les égales des hommes.

Dans mon quartier, c'est plus d'un tiers des garçons qui sont nés en France, avec qui j'ai grandi, qui ont fait le choix de ce mariage avec une femme du bled. Je reste étonnée parce qu'ils savent que ces filles ne les épousent pas par amour, mais pour sortir de l'Algérie. Il y a là une suspicion d'opportunité qui ne peut être saine. De leur côté, il est facile de comprendre ce qui les attire. La vie en France. Ne plus être chez leurs mères. Mais du côté de ces hommes de France ? De ceux qui ont grandi du côté européen de la Méditerranée, qu'est-ce qu'ils recherchent ? La virginité reste très cotée dans le marché des obligations faites aux femmes. Ces mariages-là, véritables contrats, sont réputés plus durables que ceux d'ici. Parce que la variable de l'amour n'apparaît pas dans l'équation. Ma mère me disait souvent : « Marie-toi, comme ça, s'il te quitte, tu lui prendras la moitié de ses biens. » La conformité. Cela reste la clef. On sait ce qu'on achète. On sait dans quoi on s'engage. Et tant pis si cela crée, comme le soulignait la haute fonctionnaire Casey, un phénomène d'immigré à perpétuité occasionné par ces mariages, le plus souvent arrangés : « *creating a "first generation in every generation" phenomenon* », chaque enfant ayant et grandissant avec au moins un parent né à l'étranger. Des deux côtés, on est dans la recherche du stéréotype. La femme traditionnelle du côté des hommes d'ici, une vie plus facile du côté des femmes de là-bas, qui doivent aussi en faire profiter leurs familles. Cela donne des frictions parce que ces femmes pensent que la vie en France est facile. Elles viennent consommer. Elles pensent qu'en France, *ça ne coûte rien*. Il faudra analyser le sort réservé aux femmes au bled. Qui ne peuvent quitter le domicile familial, même si elles travaillent, sans être mariées. Ce que Albert Cohen écrivait : « C'est un malheur d'être juif, il ne faut pas renoncer à ce malheur », je le ressens intensément pour les femmes maghrébines, surtout celles vivant au bled. C'est un malheur d'être une femme, il ne faut pas renoncer à ce malheur. Ces exigences démesurées, la charge mentale dont les féministes ici ne parlent pas et ne combattent pas. La tradition a bon dos pour accepter pour les autres femmes ce que l'on n'accepte pas pour soi. Parlons un peu de ce patriarcat arabo-musulman qui participe à la vision fantasmée du bled, ce patriarcat toléré au nom de la culture. Le patriarcat dont on ne doit pas dire le nom.

Et puis il y a quelques vérités dérangeantes. Que l'on refuse d'admettre. Je ne parlerai que de ma situation. Je laisse les analyses systémiques aux sociologues. Nous avons été très pauvres dans ma famille. Mon père est d'abord venu seul, dans l'est de la France, parc qu'il y connaissait des gens. Il n'a fait venir ma mère et mes quatre plus grands frères que parce qu'il a fait des calculs sur les aides sociales et familiales, et parce que ma mère voulait venir, pas parce qu'il lui était trop pénible de vivre en foyer Sonacotra, loin d'eux. Il n'a jamais été dans son intention de rester en France, ou que nous y fassions notre vie. Quatre autres enfants sont nés en France, selon les mêmes calculs. Nous avons été pauvres. Et plus pauvres que nos voisins presque tous embauchés à Peugeot, ce qui garantissait un salaire correct, certes au prix d'un travail très dur. Mon père lui relevait du lumpenprolétariat et sa radinerie extrême a doublement ajouté à notre pauvreté. Lors de la visite médicale préalable à l'embauche, mon père a accentué sa myopie, persuadé que Peugeot lui paierait une nouvelle paire de lunettes. Il a été déclaré inapte. Et a été intérimaire et donc précaire toute sa vie, à Montbéliard et à Oyonnax. Mais il m'est apparu récemment que notre pauvreté, la misère que nous avons connue, soulagée quelque peu par les Restos du cœur et le Secours catholique, a été organisée, orchestrée par les choix mêmes de nos parents. Nous n'avions pas, avec les aides reçues, à être aussi pauvres, nous n'aurions pas dû souffrir autant, profitant à l'occasion de la maraude de mon père ou de mes frères. La priorité de mes parents était la construction d'une grande maison au bled, pas notre confort ici. Nous n'avons jamais touché nos bourses, tout ce qui n'était pas englouti par les strictes nécessités de la vie allait au bled. Stratégie classique des immigrés de tous les pays qui n'envisagent leurs vies qu'au pays. Mais à quel prix ? Cette maison dont nous n'avons jamais profité, mon père s'y étant installé avec ses autres épouses. Maison située dans un village quasi désertique d'une région bien peu attirante. Quand ma mère a dû nous élever seule, en bossant comme une folle, pour plusieurs entreprises de nettoyage à la fois, six jours sur sept, avec une amplitude horaire immense et des salaires de misère, elle a conservé les mêmes réflexes de thésaurisation extrême. Ce qui lui a permis de devenir propriétaire d'un appartement en France, et d'un appartement à Oran. Ma mère serait une fabuleuse ministre du budget et ferait passer Margaret Thatcher pour une gauchiste dispendieuse. J'ai eu mal quand j'ai réalisé que la stratégie de mes parents avait accru bien des difficultés que je ne peux mettre sur le compte d'une France méchante. Il n'y avait pas de méchanceté de leur part. Mais un arbitrage conscient. Les enfants sont une ressource. Et la volonté de mon père d'augmenter ces ressources explique ma naissance en France. Rien d'autre. Non, nous ne sommes pas des enfants de l'amour. Mais de la tradition et de la spéculation. Nos parents ont été durs, violents, ils nous aimaient sans être aimants, ils se sont rattrapés en devenant de merveilleux grands-parents, s'autorisant enfin à être tendres. Parce qu'ils n'étaient plus dans l'insécurité matérielle ni dans l'obsession de l'édification de leur réussite matérielle au bled. Ils y sont tous propriétaires. Bizarrement, certains des enfants d'immigrés gardent les mêmes réflexes de retour fantasmé. Ils doivent montrer leur réussite par leurs prodigalités, ont une conscience assez floue et opportuniste sur la différence de niveau de vie et de valeur de la monnaie qui leur permet ces prodigalités. Une conscience aussi plus nette de la ressource qu'ils représentent aux yeux de leurs familles de là-bas. Ces bagages qu'il faut surveiller de près la veille du retour en France, sans quoi les vêtements, les baskets, les objets de valeur disparaissent. Puisque de toute façon, à leurs yeux, pour nous Français, *ça ne coûte rien*.

Chapitre 3

# « C'EST NORMAL, SEUL ALLAH GUÉRIT »

Chaque année, je passe un mois d'été chez ma mère, à Montbéliard, en Franche-Comté. C'est le point de ralliement de ma famille. Mes frères ne peuvent pas passer deux jours sans venir la voir. Cela donne lieu à de longues discussions et à une mise à jour sur la situation financière, matrimoniale, géopolitique de tous les habitants du quartier. Bref, des potins. Il y a deux étés, mon frère K passe nous voir et nous raconte qu'il sort du médecin. Celui-ci passe la majorité de son temps à faire des circoncisions à la chaîne, sur des nourrissons, sur le modèle juif, alors que quand j'étais petite, elles se faisaient à l'hôpital, sur des garçons âgés de 4 à 6 ans. L'intervention est moins douloureuse. Le médecin, Franco-Turc communautariste, étant occupé, mon frère a été reçu par une étudiante en dernière année. Voilée. Je précise communautariste, car ce médecin a été candidat aux élections municipales avec un vrai objectif et de vraies méthodes communautaristes. Mon frère se plaint à elle de l'inefficacité du traitement qu'il suit depuis dix jours, qu'il ne comprend pas pourquoi il ne va pas mieux. Elle lui a répondu : « C'est normal, seul Allah guérit. » Mon frère, très pieux, n'en est pas revenu et nous rapporte ces propos, choqué. Je lui demande s'il lui a dit que ces paroles étaient déplacées de la part d'un médecin. Non. Il n'a pas voulu la contrarier. « Je ne voulais pas qu'elle se venge en me filant un mauvais traitement. » Mon frère aîné nous dit alors : « Bah, tu aurais dû lui dire non. C'est les antibiotiques qui guérissent. » Je précise que cette future médecin est voilée parce que ses propos sont liés à son orthodoxie. Et cette orthodoxie ne peut que commander et déborder sur sa pratique professionnelle. Examine-t-elle les corps des hommes ? Combien de problèmes de santé sont-ils découverts alors que le médecin ne les recherchait pas mais pratiquait un simple contrôle ? Que répondra cette médecin à une femme qui a besoin d'une IVG ou d'un contraceptif ? La réponse est simple : elle adaptera ses réponses et sa pratique à la religion et aux origines de ses patients.

On ne peut pas penser une seconde que cette femme, au bout d'un parcours universitaire aussi exigeant et scientifique, puisse penser une seconde que seul dieu puisse guérir. On n'aurait pas besoin de médecins ou de traitements. Il est vrai que se développent en Belgique et en France des centres de médecine islamique, préconisant les saignées, les ventouses et les prières et réfutant les traitements comme la chimiothérapie. Cette médecin voilée n'a tenu ces propos que parce qu'elle avait en face d'elle un Maghrébin qu'elle supposait musulman : elle établissait ici une connivence communautaire, pensant montrer à un autre musulman quelle bonne musulmane elle était. Elle n'aurait jamais tenu ces propos face à une madame Michou. Ce n'est pas acceptable pour autant. Mon frère sait alors, si le voile lui avait échappé, qu'il a une des siennes en face de lui, auprès de qui il pourra formuler des demandes communautaristes, un arrêt maladie de complaisance, par exemple pour le ramadan ou l'Aïd ou le pèlerinage. Mon frère s'est-il par ailleurs senti aussi libre de poser des questions, de solliciter un examen physique plus poussé qu'il l'aurait été face à une médecin non voilée ? Ou face à un médecin ? Nous sommes dans le registre performatif, mon frère n'est plus un patient en souffrance, mais un musulman en représentation, qui souffre et qui dispose de l'occasion de faire un acte de foi. Ma mère m'expliquait que cela ne la gênait pas qu'un gynécologue homme l'examine, pourvu qu'il ne fût pas Maghrébin ou musulman. Car alors, elle aurait trop honte. On ne voit plus le praticien qui, comme les anges, ne devrait pas avoir de sexe, mais le coreligionnaire. Celui-ci, dans l'orthodoxie, est en représentation : il est plus soucieux de mettre en avant sa foi. Par connivence culturelle et communautaire avec son patient, qui n'en est plus un, mais devient un frère et une sœur, avec l'obsession pour la pudeur que la culture arabo-musulmane draine. C'est un signe et un bat-signal de reconnaissance. Comme chez certains élèves des établissements prioritaires qui sont si contents d'entendre un enseignant leur adresser des mots en arabe, ou de se référer à la tradition musulmane en classe : « Il est des nôtres, on ne se comportera pas avec lui comme on se comporte avec les... autres. » La médecin voilée de mon frère s'est sentie obligée, ou a voulu envoyer ce signal à mon frère. Lors d'une séance en enseignement moral et civique avec une classe de troisième, je demandais par écrit à mes élèves s'il était légal pour une vendeuse de vêtements de porter le foulard islamique, et quelle serait leur réaction face à une telle vendeuse. Ayant bien appris leurs leçons, la majorité a répondu soit que c'était légal, et c'est juste, soit que cela dépendait du règlement intérieur de l'entreprise, ce qui était tout aussi juste. Quant à leur réaction, je dois dire qu'elles étaient toutes différentes et intelligemment argumentées. Je dois être honnête, il y a toujours quelques élèves qui répondent oui, non, je ne sais pas sans autre argument... Une élève, musulmane pratiquante, a eu cette réponse fascinante : « Je serais gênée face à une vendeuse voilée, parce que même si je sais qu'elle ne me fera pas de remarque, je me sentirais pas bien d'acheter ce qui me plaît, genre un mini-short, je me sentirais jugée. » C'est elle-même qui se serait mis la pression, parce qu'elle ne verrait que le voile et donc le rappel à l'orthodoxie musulmane, dont elle s'éloignerait en achetant un mini-short. Une vendeuse voilée, comme n'importe quelle travailleuse, ou la médecin voilée de mon frère, sera professionnelle et fera bien son travail. Mais il faut identifier et analyser le phénomène psychologique de surcompensation lié à l'appartenance communautaire, de chantage émotionnel ou de culpabilité qui aboutit à devoir montrer que, en dépit d'une réussite professionnelle, ou du travail dont on vit, on appartient en dernière instance toujours à ce groupe-là.

Le peintre venu réparer un dégât des eaux à qui j'avais demandé s'il arriverait à régler le problème et qui m'a répondu *inch'Allah*, la caissière d'un supermarché tenu par une famille turque et qui me salue d'une *Selem ay likoum*, ce contrôleur de la RATP auquel un jeune sans titre de transport rend hommage sur Twitter, parce qu'il l'a couvert, et qui termine ce Tweet par « *Psartek la famille* » : ils pensent qu'en créant cette connivence communautaire, ils me font plaisir, me flattent et suscitent un terrain d'entente. Sauf qu'il y a une dimension performative du langage. Et ce supermarché essentiel, qui a succédé à un Super U, est le dernier commerce d'alimentation dans mon quartier en politique de la ville de la Petite-Hollande. Par ses caissières voilées, par ses produits mis en vente, par ces saluts religieux et traditionnels, ce supermarché est devenu un commerce ethnique. Chaque année, des élèves me saluent d'un *Selem ay likoum* de connivence. Je suis même intervenue auprès d'un gamin de quatrième qui contraignait tous les autres élèves, non maghrébins et non musulmans à le saluer de cette façon. On ne l'y reprendra plus. On se salue en français. Et ce *Selem* est un salut religieux. Certes, il semble tout chou : que la paix soit avec toi. Mais ce toi... c'est celui qui appartient à ma communauté. Les élèves issus de l'immigration sont dans une inculture crasse. Ils ne sont même pas au courant, contrairement à leurs camarades immigrés et arabophones, qu'il existe une autre façon de se saluer. Laïque elle, c'est-à-dire sans cet arrière-plan religieux : *Sbar el khair* pour le matin, *Sbah el nour* pour la journée. Ces quelques élèves me testent. Pour voir si je suis l'une des leurs. Non. Je ne suis pas Maghrébine, musulmane quand je suis au collège. Je suis enseignante et fonctionnaire de la République. On me parle en français, je réponds en français.

Il y a quelque chose qui se joue. On en peut soupçonner la médecin voilée ou le peintre en bâtiment, ou le contrôleur de la RATP ou encore ces quelques élèves de faire de l'entrisme islamique. Les motivations sont toujours complexes et composites. Le jeu, le défi. Mais aussi cette « lutte » ou une « demande pour la reconnaissance » énoncée par Hegel et développée par le philosophe Axel Honneth[1]. Pour mon élève, si l'enseignante fait partie de mon groupe communautaire, si elle me signale cette appartenance à ce groupe, alors c'est que ce groupe existe, qu'il peut afficher la réussite sociale et professionnelle de compter des enseignants parmi lui, je peux être fier de ma communauté, d'y appartenir. Cela relève de la renarcissisation nécessaire : gagner en confiance en soi et en estime de soi par ce mécanisme de revalorisation par la reconnaissance. Et comme la part du groupe et du collectif est plus forte chez les enfants issus de l'immigration, cette renarcissisation passe par la valorisation du groupe lui-même. Quelle forme de reconnaissance offrir, qui ne soit pas réduite à la conformité religieuse ou traditionnelle ?

---

1. Lire par exemple Axel HONNETH, *La lutte pour la reconnaissance*, Gallimard, 2015. Le « concept de personne » y est « envisagé en termes d'intersubjectivité, au sein duquel la possibilité d'une relation harmonieuse à soi-même dépend de trois formes de reconnaissance (amour, droit, estime sociale) ». À ces trois modes de reconnaissance, Honneth fait correspondre « trois types de *mépris* [ou de non-reconnaissance] » qui peuvent susciter des conflits sociaux.

Comment nous sortir de ces alternatives identitaires piégées ? Quand je m'adresse à un professionnel, je fais appel à des compétences, à des savoir-faire, je n'ai pas besoin de connivence. Je ne veux pas penser une seconde que je bénéficierai d'un traitement particulier, différent et de faveur en fonction de mes origines ou de ma religion. Je ne supporte plus cette omniprésence et cette obsession pour une religion qui absorbe l'identité, la personnalité et toutes ses facettes, la vie sociale à la façon d'un trou noir auquel nulle matière et nul rayonnement ne peuvent se soustraire ou s'échapper. Que les adultes assument. Et je dirai à toute médecin voilée que ce signe d'orthodoxie est incompatible avec l'exercice de la médecine, qu'elle vient rappeler aux autres que la foi en Dieu prime même sur le soi et sur la vie, que je ne veux connaître ni sa religion ni son degré d'orthodoxie, que je ne suis pas sa sœur en religion ou en culture, mais une patiente. Qu'elle ne nourrira pas sa vanité religieuse à mes dépens. J'ai répondu au peintre en bâtiment que je comptais sur lui et pas sur Dieu pour ce travail, que Dieu étant occupé avec la Palestine, les guerres, les drames humanitaires, il devrait plutôt se mettre au boulot sérieusement, compter sur son travail et sa compétence pour régler mon problème. À la caissière du supermarché, j'ai répondu par un « bonjour madame », ce qui a changé son attitude d'un coup, plus professionnelle.

Je changerai de médecin, je ne ferai plus appel à cet ouvrier, je n'irai plus dans ce magasin. Qu'ils assument cet enfermement dans une clientèle communautaire. Mais si on permettait aux enfants de se définir autrement, si on réhabilitait la personne qui ne tirerait pas sa valeur de son appartenance ostentatoire à un groupe, mais d'elle-même comme personne, de ses goûts, de ses talents ? Les prolétaires ne se définissent que par leurs bras, leur force de travail ; je ne veux pas d'un prolétariat religieux dans lequel tous les descendants d'immigrés ne pourraient se définir que par leur religiosité, que par leur conformité aux attendus du groupe. Chaque personne doit suivre le précepte de Gide et « faire de soi un être irremplaçable ». Avant le *Selem ay likoum* il y a, il doit y avoir le « Après vous ». Levinas écrivait dans l'*Éthique et l'infini* : « C'est un *Après vous, Monsieur !* originel que j'ai essayé de décrire. » Phrase qu'un philosophe adepte de Levinas avait tournée en une formule très belle : « Avant le *ego cogito*, il y a le *Après vous monsieur* ». Il pose ainsi l'éthique comme principielle dans la rencontre de l'Autre, qui doit rester Autre plutôt que d'être réduit à un autre soi-même. La réciproque est tout aussi essentielle. L'Autre ne peut exiger que l'on renonce à ce qui fait notre altérité vis-à-vis de lui, de son système de valeurs, de ses croyances ou mœurs. Et son statut de nouveau venu, ou de dernier arrivé, mais de Français à part entière, ce que sont les enfants d'immigrés, l'enjoint encore plus à ce respect élémentaire. Le bonjour plutôt que le salut traditionnel plutôt que la connivence. La primauté de la science dans la relation soignante, la compétence et le professionnalisme dans la relation de travail, plutôt que l'orthodoxie vaniteuse.

Dans les querelles identitaires, on hurle à la stratégie entriste. Alors que la réalité, même dans toute sa complexité, obéit le plus souvent au principe du rasoir d'Occam. L'explication la plus simple, tirée de l'expérience, est plus pertinente et opératoire que la théorie la plus compliquée. Je signalais dans l'avant-propos que beaucoup d'enfants d'immigrés algériens avaient demandé la double nationalité pour avoir un passeport payé une fois et valable 10 ans pour ne pas avoir à payer un visa chaque année, dont le prix a été porté à 80 euros. Nulle preuve de rejet de la France, mais du bon sens en action. Nous devrions adopter la même humilité face aux sondages nombreux prétendant rendre compte du défaut ou au contraire de la réussite d'intégration des descendants d'immigrés, comme cette *Étude auprès de la population musulmane en France, 30 ans après l'affaire des foulards de Creil*, menée par la fondation Jean Jaurès, avec l'IFOP, en septembre 2019[1]. Jérôme Fourquet la dirigeait et en explicitait pour *Checknews* un résultat en ces termes : « À la question de savoir si la loi islamique, en France, devrait s'imposer par rapport aux lois de la République, 27 % des personnes interrogées répondent positivement. Parmi ceux qui sont de nationalité étrangère, 41 % adhèrent à cette affirmation. Et parmi ceux qui sont de nationalité française, ils sont 20 %[2]. » On pourrait répondre par cette phrase fameuse du sociologue Ali Al-Wardi : « Si on laissait aux Arabes le choix entre un État laïque et un État religieux, ils voteraient pour l'État religieux et iraient vivre dans l'État laïque. »

Ce genre de sondages et d'études qui se multiplient sont classiquement biaisées par l'échantillonnage peu représentatif, souvent trop masculin, par les dates auxquelles ils sont réalisés, la proximité avec un attentat ou une focalisation dans les médias sur un sujet en lien avec l'islam ou l'intégration des enfants d'immigrés induiront une posture de défense. Posez n'importe quelle question à un

1. https ://www.ifop.com/wp-content/uploads/2019/09/116646_Rapport_Ifop_le_Point_FJJ_2019.09.11.pdf.
2. https ://www.liberation.fr/checknews/2019/10/11/un-sondage-affirme-t-il-que-50-des-musulmans-placent-la-charia-au-dessus-des-lois-comme-le-dit-valer_1756730.

musulman sur l'islam, et la réponse sera un acte de foi, quel que soit son degré de pratique religieuse. La question même est perçue comme une intrusion, voire une agression. Et c'est un acte de foi facile, comme le soulignait avec humour Ali Al-Wardi. Les réponses au sondage de la fondation Jean Jaurès étaient faciles et vaniteuses, parce qu'elles n'engagent à rien, n'exposent à aucune conséquence, ne se traduisent par aucun effet ou perte d'opportunité. La question était donc mal posée. Elle donnait l'impression d'une compétition entre civilisation et style de vie musulmans avec la France et son système politique. Répondre que la loi islamique primait était non seulement un acte de foi facile, un doigt d'honneur à l'interrogateur, et un élément du dispositif d'estime de soi. Ce qu'explique Axel Honneth en ces termes : « L'honneur ou la dignité traduit le degré *d'estime sociale* accordé à la manière dont cette personne se réalise dans l'horizon culturel d'une société. Si la hiérarchie sociale des valeurs est ainsi faite qu'elle juge inférieur ou imparfait tel mode de vie, ou telle conviction, alors elle interdit aux individus concernés d'attribuer à leurs capacités personnelles une quelconque valeur sociale[1]. » L'existence même de ce genre de sondages est vécue comme une humiliation qui conduit plus

1. *La lutte pour la reconnaissance*, p. 228.

d'un sondé à surcompenser par une fanfaronnade. À l'exception des islamistes les plus durs, qui peut souhaiter que s'applique en France la charia en matière pénale ou familiale ? Ce sondage donne à croire qu'il s'agit de juger de la qualité, de la reconnaissance de la supériorité d'un mode de vie sur un autre, et la religion étant intriquée avec l'identité des descendants d'immigrés, ces questions humilient. Les musulmans étant sommés de prendre parti pour la France contre leur culture, beaucoup choisissent de se défendre. Ces enquêtes de personnes sérieuses au-dessus de tout soupçon ne sont pas plus pertinentes que les sondages ou les élections de délégués que nous réalisons en classe, avec les réponses provocatrices des élèves votant pour Jul, imaginant les questions les plus graveleuses lors des discussions d'éducation à la sexualité menées par l'infirmière. Bref, foutez-nous la paix avec vos sondages et enquêtes qui servent toujours in fine à mesurer le degré d'intégration, et qui sont donc toujours vécus comme une mise à l'index.

Petit exemple anodin : j'ai toujours eu la flemme de m'habiller pour aller voter. Mon sex-appeal va en prendre un coup. Tant pis. Je mets une djellaba, ma mère m'en a offert toute une collection, de la plus calorifique polaire à la plus érotique et transparente. Le jour du vote, je mets ma djellaba par-dessus ma tenue d'intérieur et je vais voter. Certains qui me croiseront y verront un refus ou un défaut d'intégration. Si j'étais interrogée ce jour-là par un journaliste ou pire, par un sociologue, par esprit de contradiction, par exaspération, par gêne d'assumer ma flemme de m'habiller, je répondrais sans doute que c'est là ma culture. C'est un biais d'ego comme un autre. Combien de femmes font comme moi au quotidien, une djellaba, voire un foulard et hop, gain de temps pour aller faire ses courses. Et pourtant, ma réponse ira nourrir les paniques identitaires de l'extrême droite politique et les jouissances identitaires de l'extrême droite indigéniste et islamiste. Si je suis interrogée sur le port de ma tenue, ma réaction sera de l'assumer, et de faire d'un geste anodin pratique un acte politique. Par bravade. Par vexation. Comme un mécanisme de protection.

Les raisons d'un acte sont toujours multiples et composites, et le plus souvent, elles s'expliquent simplement.

Chapitre 4

# UN #METOO MONDIAL, MAIS QUE POUR LES FEMMES BLANCHES ?

Les féministes qui traquent, combattent, dénoncent le patriarcat dans la grammaire, dans les titres de presse, partout, sont étonnamment silencieuses quand ce patriarcat n'est pas blanc ou occidental. Ce patriarcat peut reposer sur la force et la coercition, mais il dispose d'une arme plus redoutable : l'aliénation volontaire des femmes, l'emprise par la tradition ou la religion, qui lui permet de devenir un libre choix des femmes qui s'y soumettent. Ce que je ne parviens ni a comprendre ni à pardonner, c'est que les féministes d'ici refusent de reconnaître et de combattre ce patriarcat non blanc. La sociologue féministe Christinc Delphy a déclaré dans les colonnes du journal *The Guardian* : « Le féminisme doit s'adapter aux spécificités culturelles et religieuses musulmanes pour échapper à l'accusation d'islamophobie[1]. » La motivation est clairc : échapper à une accusation

1. Le titre de l'article est éloquent : « Les féministes françaises ne doivent pas trahir les musulmanes en soutenant les lois françaises racistes », https ://www.theguardian.com/lifeand style/womens-blog/2015/jul/20/france-feminism-hijab-ban-muslim-women.

de racisme ou d'intolérance. Comment se dire féministe en ne récusant pas le triptyque que tous les patriarcats du monde imposent aux femmes et qui se décline selon la Sainte Trinité typiquement masculiniste de la virginité, de la pudeur et de l'humilité ? Les religions, comme fait social total, ne doivent pas faire exception à la déconstruction mise en œuvre par les sociologues. Et l'islam pas plus. Il est évident que toutes les religions, monothéistes et polythéistes, sont structurellement et ontologiquement patriarcales et servent les intérêts des hommes en justifiant leur domination sur les femmes. Pourquoi le reconnaître et le combattre dans le catholicisme et pas dans les autres religions ? Parce que dans les autres religions, le judaïsme et l'islam, les gens croient pour de vrai, eux ?

#Metoo dénonce d'abord les effets et les moyens du patriarcat et de la culture du viol en Occident. Il doit être aussi l'occasion de dénoncer tous les patriarcats. Ce que se refusent à faire les néoféministes. Le manque de cohérence interroge, quand on s'associe à la dénonciation d'un droit de cuissage atavique en Occident, sans contester ici et ailleurs les effets du patriarcat arabo-musulman dont je parle et que je combats, parce que c'est celui que je connais le mieux. Celui que j'ai subi, en tant que femme dans une famille maghrébine et musulmane. #Metoo, ce n'est pas fait pour nous, les non-Blanches. Parce que l'oppression que nous subissons n'est pas du patriarcat, c'est de la religion liée à notre identité profonde non blanche.

L'Afrique et le Moyen-Orient, mais, et c'est pire, les Africaines et les Maghrébines d'Occident, d'ici, sont les angles morts et les impensées des promotrices de #Metoo. C'est une cécité culturelle volontaire : ces Occidentales refusent aux Orientales les standards d'égalité et de dignité qu'elles exigent pour elles. Les mêmes qui se moquent des femmes américaines bigotes qui vantent la virginité ne disent rien sur les reconstructions d'hymen en France qui ne concernent qu'une seule communauté religieuse. Et moi qui suis née en France, quel standard doit s'appliquer à moi ?

#Metoo a libéré la parole des femmes. D'abord occidentales, et ne le cachons pas, de classes sociales favorisées, en exposant en premier lieu des hommes d'influence et des comportements de prédation systémique. Mais #Metoo a essaimé dans le monde et l'attention a été portée en France sur le sort réservé aux femmes de ménage, précarisées socialement, par des petits chefs. Elles n'ont pas fait d'aussi belles victimes que les actrices ou les journalistes, il faut le reconnaître et se poser la question du formatage marketing indispensable pour rencontrer le succès médiatique[1]. Le combat féministe, plutôt que d'être élimé par le racialisme à la mode, ne pourra jamais faire l'économie d'une analyse de classes sociales, et beaucoup de féministes comme Caroline De Haas ou Rebecca Amsellem sont mal à l'aise avec cette lecture qui les renvoie à leurs privilèges de classe, et qui expliquent leur propension à monter un business lucratif à partir de leurs combats. Dès 1846, la militante socialiste et féministe française Flora Tristan écrivait que la femme était « la prolétaire du prolétaire ». La religion et les religieux prêtent ainsi leur concours au maintien du système des privilèges sociaux et économiques en permettant même aux hommes précaires, illettrés, pauvres, de dominer la moitié de l'humanité, les femmes. L'homme oubliera ou composera avec les injustices sociales, la mainmise de quelques familles sur l'économie, son exploitation, tant qu'il aura un droit de propriété sur les femmes, réduites à des biens meubles par les codes de la famille nationaux. Comment les faire renoncer à ce pouvoir ? À ce dispositif de renarcissisation ?

Ce moment si particulier que fut #Metoo, ce changement de paradigme mondial ne sera effectif

1. La parfaite Rosa Parks préférée à Claudette Colvin, adolescente enceinte d'un homme marié, qui avant Rosa Parks avait refusé de céder sa place à un homme blanc dans le bus.

que si sa dimension universelle est revendiquée et assumée. Il faut l'écrire : le féminisme universaliste est accusé d'être un réducteur d'altérité, l'imposition d'une conception de l'émancipation et des droits portée par des Blanches, et qu'il ne peut porter les aspirations des non-Blanches. Prétendant le dénoncer, on bascule en fait dans l'orientalisme avec une opposition caricaturale entre les Orientales et les Occidentales (les Asiatiques n'intéressant guère). Mais que faire de celles qui, comme moi, sont nées et ont grandi en Occident ? Qui ont été contaminées par les valeurs occidentales d'égalité, d'émancipation ? Au nom de quoi aurais-je des aspirations différentes, et en fait moindres, que les féministes blanches et bourgeoises ? Au nom de quoi ce qu'elles refusent pour elles et leurs filles serait bon pour moi, et celles qui me ressemblent ? Qui m'institue comme une Autre irréductible ? Qui fait alors de moi une bonne sauvage, dont il faut préserver la différence culturelle irréductible ? Qui porte ce discours et ce chantage à l'authenticité ethnique primant sur mes aspirations et mes ambitions de femme ? Alors je vais vous parler de ce patriarcat dont on ne doit pas dire le nom.

Je n'étais pas féministe, je ne connaissais ni le terme ni l'ambition dont il est porteur. Je percevais pourtant les privilèges de mes frères, sans mettre ma grande bouche sur le compte d'une éducation déjà occidentalisée. Un exemple ? Un soir que j'étais couchée, partageant ma chambre avec trois de mes frères, mon père m'appela depuis le salon pour que je change de chaîne télé, alors que le poste de télévision n'était qu'à trois mètres de lui. C'est moi qu'il convoqua. Ayant osé me plaindre de cette situation ridicule, je pus goûter à sa violence, étant patiemment et longuement frappée à coups de claques, de poings et avec son épaisse claquette. Parce que je ne m'étais pas glissée dans le rôle d'une télécommande. C'était injuste, mais c'était l'arbitraire du père, donc j'étais en faute. Oui, le patriarcat arabo-musulman consacre la toute-puissance du père sur ses enfants, biens meubles. Dans une moindre mesure, de la mère, et c'est comme mère que la femme arabe est sanctifiée, respectée. L'abus de ce pouvoir se décline alors aussi au féminin, et j'ai souvenir de ma mère explosant de colère et me hurlant dessus : « Je t'ai sortie de mon cul, je te parle et je fais ce que je veux. » Pourtant, ce n'est pas lors de ces nombreuses démonstrations de violence, liées aussi à notre extrême pauvreté, que j'ai compris la place seconde que le patriarcat arabo-musulman réservait aux filles. Je l'ai vraiment perçue lors de vacances, dans un bled du bled. Un village pauvre de la région de Mascara. La maison que mon père faisait construire à nos dépens était presque finie. Mais mon père avait fait construire l'escalier en extérieur, si bien que pour monter au second étage, ma mère devait se couvrir, et dans ce village de Mascara, les femmes devaient depuis longtemps se couvrir et ne laisser apparaître qu'un œil. Un seul. Durant les vacances d'été, arrivant à Oran, ma mère endossait son uniforme. Ce grand drap blanc typique que je trouvais joli. Il m'effrayait en même temps parce que j'avais peur de perdre ma mère dans la foule, toutes les femmes se ressemblant dans cette tenue. Faut-il bénir l'ingénierie textile qui facilite la dissimulation et la disparition de l'identité individuelle des femmes ? Je ne crois pas.

Un été, le soir de notre arrivée au village, je voulus rejoindre mes frères qui jouaient avec des enfants du village dans la rue. Un de mes frères, le plus doué à l'école, le plus raisonnable, me dit alors : « Ici c'est pas la France. Tu ne restes pas avec nous, tu ne sors pas de la maison. » Sans violence, c'était un simple fait. Que j'aurais dû connaître. C'est durant ce même été que mon père nous déroba nos papiers français, nous laissa à la rue, parce qu'il avait décidé de nous punir de je ne sais pas trop quoi. Il s'était acheté une deuxième femme plus jeune. Il en est actuellement à sa septième épouse consécutive, par mariage religieux. Mais il est hadj trois étoiles : c'est un saint qui nous a laissés sans un sou et sans un toit, mais qui est allé trois fois à La Mecque, et qui est donc très saint. Je me souviens que des années plus tard, un de mes grands frères voulut frapper ma mère parce qu'elle avait émis le souhait de se remarier. Elle, abandonnée à moins de 45 ans avec huit enfants. Mon frère aîné l'en empêcha. Mais ce frère jaloux de notre honneur ne fit aucun reproche à mon Barbe-Bleue de père. Personne ne lui a reproché ses actes. C'est un homme. C'est un musulman pieux. Ce père qui un jour, allant au marché avec un de mes frères, lui avait dit que s'il rentrait à l'instant, il trouverait ma mère au lit avec un voisin. Cette défiance et cette haine des femmes sont si fortes dans notre « culture ». Cette obsession de la fierté, éloignée de toute considération éthique, juste réduite à la force et au pouvoir exercés sur les enfants et sur la femme, cet objet récipiendaire de l'honneur des hommes. J'enrage quand je vois ces chères féministes bourgeoises blanches maintenir les femmes non blanches dans cette oppression patriarcale par condescendance, parce que c'est notre « culture ». Parce que celle-ci, la mienne, devrait être figée dans la forme que les hommes lui ont donnée ? Tant pis pour nous.

J'ai eu deux contacts avec mon père depuis ce fameux été de 1993. Une carte postale dans laquelle il écrivait qu'il espérait que je deviendrais hôtesse de l’air pour lui « acheter des pièces de camion ». Une autre longtemps après m’annonçant qu’il m’avait donnée en mariage à son neveu vivant en Angleterre. Que je n’avais jamais vu. Mes frères ont ri. Mais qu’aurais-je pu faire s’ils avaient été obéissants envers mon père ? Je repense à la réponse que mon frère aîné fit en Algérie à une mère venue lui demander ma main pour son fils : « Va niquer ta mère. Tu veux des papiers français pour ton fils, c’est ça ? » Je ne connais pas de plus belle et grossière déclaration d’amour fraternel...

L’abandon de mon père fut à la fois notre plus grand malheur et notre plus grande chance, parce qu’il nous libérait d’une orthodoxie, et qu’aucun de mes frères ne disposait à lui tout seul du monopole de l’autorité et de la violence légitimes. Et mes frères, pour insupportables, durs, violents qu’ils aient été, sont devenus des gens merveilleux. J’ai eu de la chance, j’ai pu quitter ma ville pour faire des études. Pourtant, de tous ces événements et de tant d’autres, celui qui m’a le plus marquée est bien cet épisode dans la rue de Froha. Je n’étais pas à ma place dehors. À jouer. Avec des garçons, alors que j’étais enfant. Mais surtout, mes frères changeaient d’attitude parce qu’ils étaient en Algérie. Et que là-bas, ce n’était pas ici. Et que là-bas, ils ne se comportaient pas comme ici. Ils jouaient un jeu, dont ils respectaient les règles sans les questionner. Et je venais de découvrir le mien en même temps que l'emprise et le poids de la communauté. De l'opinion des autres. Chacun de nous avait son rôle à tenir. Cette fierté masculine si ridicule. Tellement méditerranéenne, et mille fois renforcée par la religion. Ces éléments biographiques, je les livre ici pour faire comprendre simplement que le patriarcat oriental est plus violent et oppressif que son pendant occidental, parce qu'il n'évolue guère, en raison de sa gangue religieuse qui le protège, même des critiques des féministes occidentales. Et que refuser de le reconnaître, de le critiquer, de le combattre pour ce qu'il est et ce qu'il fait, c'est livrer des générations de filles et de femmes à un pouvoir masculin incontesté et absolu et à un destin second. Je suis donc médusée par ces féministes mondaines qui traquent le comportement patriarcal des Blancs dans la grammaire, mais qui s'inclinent devant son pendant oriental, sous le prétexte fallacieux que les femmes orientales l'accepteraient et qu'il faudrait respecter ce choix. Ce faisant, elles nient toutes les avancées des sciences sociales et comportementales sur les concepts d'aliénation et de contrainte. Elles me font penser à ces bourgeoises visitant le zoo humain de Vincennes. Défense de nourrir lisait-on sur les panneaux. Défense d'émanciper devine-t-on de nos jours. Défense d'universel. Défense de considérer une femme non blanche comme son égale en droit et en dignité. Au nom du respect de la culture. Le relativisme culturel est vraiment un piège à connes.

La culture est l'élément de langage qui permet au patriarcat religieux de maintenir la sujétion des femmes. C'est en son nom, et au nom de cette émotion condescendante, la tolérance, dans laquelle les bourgeoises racialistes aiment à se lover, que des intellectuels de gauche, femmes et hommes, ont signé en 1989 un appel à dépénaliser l'excision en France [1]. Cette excision que l'on commence à qualifier de circoncision féminine, parce que le langage est un terrain de combat qui installe une nouvelle réalité. Le discours culturaliste relativise toujours les droits et la souffrance des femmes au nom de ceux de sa communauté d'appartenance ou d'assignation.

1. Voir mon essai *Le Grand Détournement*, paru en novembre 2017 aux éditions du Cerf, dans lequel je cite des extraits de cet Appel porté par Alain Caillé et Martine Leleuvre dans la *Revue du Mauss*. L'anthropologue Martine Leleuvre expliquait dans son article, « Le devoir d'excision », que ce rite valorisait la femme, lui faisant quitter un état physique naturel donc sauvage, pour entrer dans un état civilisé et donc dans la communauté. Selon elle, s'opposer à l'excision, y compris sur le sol français, relèverait d'« une vision fondamentalement ethnocentrique qui fonctionne au mépris des cultures africaines ; discours stupide qui confond tout [...] l'acte criminel, fou et le rite, l'initiation et la torture ».

La féministe Letty Cottin Pogrebin écrivait avec raison : « Quand les hommes sont opprimés, c'est une tragédie. Quand les femmes sont opprimées, c'est la tradition. » Allons plus loin, la tradition est le mécanisme par lequel la religion et son système patriarcal sont absous et normalisés comme « culture ».

Les féministes blanches relativistes récusent pour les Autres l'historicité de nos combats. Elles ne partagent pas avec moi la Maghrébine née et élevée en France, un régime d'historicité commun, elles m'excluent dans une allochronie condescendante, puisqu'elle revient à dire que je n'ai pas atteint le même niveau de développement et d'ambition qu'elles. Elles réfutent la nécessité de critiquer et de combattre la poursuite de pratiques dont l'ancienneté ne fait que confirmer leur dimension patriarcale. Elles auraient le droit de profiter de l'évolution, encore en cours, des droits, mais nous la refuseraient à nous autres au nom du respect de notre « culture » ? Ce qui est bon pour elles ne serait pas bon pour moi, à cause de ce que je suis ? Ce faisant, et il faut relever cette dimension sociale et politique : elles ne confortent que leurs privilèges de classe. Il n'y a là aucune générosité. Si vous n'exigez pas la dimension universaliste du féminisme, vous tolérez une dignité, une égalité à géométrie variable, étendues pour les Blanches, limitées pour les non-Blanches. Vient la question clef formulée par M. Leleuvre, alibi courant chez les féministes mondaines : « Nous faut-il émanciper [ceux qui pratiquent et ceux qui subissent l'excision] ? [...] Mais au nom de quoi ? Quel point de surplomb occuper pour juger ces coutumes [1] ? » Oui, mesdames, ce point de surplomb, vous l'avez revendiqué avec #Metoo, pour vos filles, vos sœurs, vous, mais vous le refusez pour les Autres. Ce point de surplomb n'est pas un Occident idéalisé. Un point fixe historique ou géographique. Il est politique, il est le combat pour les droits et la dignité.

1. Ces articles ont suscité une émotion bien légitime, jusque dans les rangs des contributeurs du Mauss. Dans le numéro 4, daté du deuxième trimestre 1989, Olivier Mongin écrit avec une grande pertinence dans un article intitulé « L'excision en procès » : « On pourrait entendre l'émotion de Martine Leleuvre si elle ne déplaçait pas immédiatement le débat. Au lieu de nous fournir l'occasion de réfléchir aux conditions d'accueil faites aux migrants dont les mœurs gouvernent la pratique des mutilations génitales, au lieu d'ouvrir une discussion publique avec les éducateurs, les travailleurs sociaux, et les juges dont le rôle est de considérer le cas de l'enfant, et non pas de s'apitoyer sur le sort de parents trahis par l'abstraction du droit, elle nous assène une "défense non illustrée" des mutilations au nom d'un relativisme culturel qui exige de "respecter" les us et coutumes des autres. Il y a là une dérive inadmissible : l'indignation devant le sort fait par la justice aux parents la conduit à oublier un peu vite les sévices infligés au corps de l'enfant. »

Il est la somme de nos efforts et de nos exigences. Il est nôtre.

#Metoo a eu du succès en raison aussi de son adaptation à la communication moderne. Né des réseaux sociaux, décliné en 180 signes ou en *thread*, court, percutant, *punchlinisé*, il est formaté pour l'époque. Et je vois ces nouvelles féministes, mondaines et modernes dans la communication, défendant cependant des positions ultraconservatrices sur le voilement ou les réunions en non-mixité raciale. Les Afrikaners avaient érigé cette partition en système. C'est donc le système chromatocratique, pour reprendre l'expression de l'historien François-Xavier Fauvelle, qu'il faut dénoncer, pas la teinte monochromatique de celles qui se réunissent.

Les sciences sociales vivent par les mots et ont développé une véritable ingénierie sémantique. Un complexe vis-à-vis des sciences dures peut-être ? Tant que les spécialistes en usent, ils sont utiles et font progresser la connaissance. À condition qu'ils puissent être aussi questionnés. Quand ils sont instrumentalisés et soumis à un agenda idéologique par des activistes, il faut les reconnaître pour ce qu'ils sont : de la propagande et non de la science. Il en est ainsi de l'intersectionnalité, tellement à la mode. Ce concept avait pour but de constater l'effet cumulatif de différentes oppressions liées au sexe féminin et à la couleur, à l'appartenance à une classe sociale défavorisée. Une femme noire subira l'oppression comme femme de la part des hommes et de la société patriarcale, mais aussi comme Noire, toujours de la même société. Mais dans les faits, comme dans une intersection routière, il y a toujours un cédez-le-passage. Une priorité à respecter. Et ce sont toujours les femmes qui cèdent le passage aux intérêts du groupe ethnique et religieux auquel on les assigne, aux intérêts des hommes qui en sont les leaders. La femme noire est tout autant opprimée par les hommes blancs que par les hommes noirs. Ce qui aboutit à ces propos de la militante indigéniste Houria Bouteldja selon laquelle une femme noire violée par un Noir ne devrait pas porter plainte contre cet homme pour ne pas nuire à la communauté noire. Le racisme des Blancs serait conforté... Autre exemple, des « féministes » s'étaient opposées à la pénalisation du harcèlement de rue parce qu'elle aurait visé les hommes d'une certaine origine ethnique, comme si c'était un trait culturel atavique indépassable que d'agresser les femmes. Ce sont toujours les hommes qu'il faut protéger aux dépens des femmes, de leurs paroles, de leurs souffrances. L'anti-Metoo en fait. Houria Bouteldja a la candeur de décrire les conséquences politiques de ce féminisme racialisé : « Pour moi, le féminisme fait effectivement partie des phénomènes européens exportés [1]. » Plus haut dans le même chapitre, « Si un féminisme assumé devait voir le jour, il ne pourrait prendre que les voies sinueuses et escarpées d'un mouvement paradoxal qui passera obligatoirement par une allégeance communautaire », « Nous appartenons à la communauté et nous l'assurons de notre loyauté [2] » ou encore « J'appartiens à ma famille, à mon clan, à mon quartier, à ma race, à l'Algérie, à l'islam. J'appartiens à mon histoire et si Dieu veut, j'appartiendrai à ma descendance », « Lorsque tu te marieras, [...] alors, tu seras à ton mari [3]. » Le culturalisme crée un féminisme aux conditions et dans les limites que la communauté et donc que ses leaders masculins fixeraient. Le b-a-ba du féminisme n'est-il pas de ne se considérer comme la propriété de personne ? Ou est-ce encore une vision trop blanche ? Je n'appartiens à personne, et je n'en suis pas moins Maghrébine et musulmane. Virginité, injonction à la pudeur et à l'injonction, voilement, ou droit de cuissage en entreprise : c'est la même démonstration d'un droit d'usufruit sur le corps de femmes, qui doivent être à la disposition, disposées, bien disposées vis-à-vis des exigences des hommes.

1. *Les Blancs, les Juifs et Nous*, Paris, La Fabrique Éditions, 2016, dans le chapitre « Nous, les femmes indigènes ».
2. *Ibid.*, p. 84.
3. *Ibid.*, p. 72.

L'enjeu du contrôle du corps des femmes est pourtant toujours le même, que ce corps soit violé, violenté, ou voilé. Le philosophe Michael Walzer explique ainsi : « La subordination des femmes – qui se manifeste par l'isolement, la retraite physique, ou les mutilations effectives – n'est pas uniquement destinée à favoriser l'application des droits de propriété patriarcale. Elle doit également être mise en rapport avec la reproduction du modèle culturel ou religieux, dont les femmes sont tenues pour être les agents les plus sûrs. [...] Une fois les femmes entrées dans la sphère publique, se pose la question de cette transmission de la tradition [1]. » Les femmes se voient investies de la mission de la perpétuation du modèle culturel et religieux de leur communauté. Elles peuvent être d'excellents agents de leur propre aliénation par l'éducation reçue et l'éducation qu'elles vont à leur tour donner. Les néoféministes s'interdisent donc d'identifier, de nommer et de combattre les facteurs de subordination et d'aliénation de la femme quand celle-ci est orientale. C'est ce qui fait du voilement un enjeu féministe majeur : les femmes orientales évoluant dans la sphère publique, ayant accès à l'éducation presque partout et à une visibilité dans de plus en plus de pays, se

1. Michael WALZER, *Traité sur la Tolérance*, Gallimard, 2011, p. 97.

pose la question de la préservation du modèle patriarcal qui attribue l'espace public aux hommes et l'espace privé aux femmes, sujettes et dominées. Cette domination est la clef de voûte du statu quo social. Leur passage dans l'espace public doit être le plus furtif, le plus anonyme et le plus utilitaire possible, aux conditions imposées par les hommes, ce que garantit le voilement. D'où le combat mené pour introduire le voile à l'école : « C'est donc parce que l'éducation est la clef d'entrée dans la sphère publique, que le problème du port du voile dans les écoles publiques est si âprement débattu [1]. » Nous devons refuser cette stratégie patriarcale de la retraditionnalisation des femmes. Refuser par exemple ce chantage à la pudeur. Un article des *Inrockuptibles* tournait en dérision des youtubeuses états-uniennes vantant la virginité jusqu'au mariage. Le même magazine ne trouve rien à redire à l'obligation de virginité dans la culture arabo-musulmane. La mère de mon ex-belle-sœur garde précieusement dans une valise tous les draps des nuits de noces de ses filles, portant la marque sanguine de leur virginité perdue. Elle en est très fière. Et à l'époque du mariage de mon frère, elle avait proposé à ma mère de lui montrer le drap ensanglanté comme garantie de la vertu de sa fille. Ma mère avait refusé. À peine plus

1. *Ibid.*

jeune qu'elle, elle trouvait pourtant cette pratique archaïque. Les femmes évoluent. Et font évoluer la société. Quand on leur donne les moyens d'évoluer, pas quand on les somme de se conformer à une culture figée et fantasmée. J'officie depuis près de deux ans comme juge assesseure au tribunal pour enfants de Toulouse, qui se compose d'un juge professionnel et de deux citoyens, décidant à la majorité des voix de la culpabilité ou de la non-culpabilité des jeunes, ainsi que des sanctions et peines. Ce jour-là, devant un tribunal exclusivement féminin, comparaissait un jeune homme accusé d'avoir contraint une fille à une fellation, seule manière de récupérer son Smartphone qu'il lui avait dérobé. Le garçon n'a cessé de nier, avec une défense qui désespéra jusqu'à son avocate. Il était innocent puisqu'il « n'aurait jamais rien fait avec une telle fille », dont toute la ville savait qu'elle était « une pute ». La jeune fille, présente avec sa maman, a alors brandi, et cela m'a tellement scandalisée, un certificat de virginité délivré par une gynécologue. Le jeune homme rétorqua qu'elle pouvait être « vierge d'en bas et faire des choses avec sa bouche »... Le mis en cause et la jeune fille étaient arabes. Aucun lien entre l'acte et l'origine. Mais une cohérence entre les deux systèmes de défense et ce que la « culture » assigne comme obligation aux filles. Et j'ai compris que ce certificat avait surtout été utile aux parents, pour les rassurer et préserver leur honneur. Une amie m'a depuis expliqué que les médecins établissaient ces certificats, à un prix élevé, à la demande et pour la protection des filles, sans effectuer le moindre geste médical. Cela ne me rassure pas. Parce que nous permettons à un système odieux de se perpétuer. Voilà pourtant une manifestation directe du patriarcat oriental : cette fétichisation de la virginité, et ce certificat érigé comme preuve devant une cour de justice, en France, en 2018... Refuser cette norme patriarcale de la pudeur n'est pas défendre l'impudeur. C'est refuser de se soumettre aux exigences masculines de contrôle du corps des femmes, que ces hommes considèrent comme récipiendaires de l'honneur de la famille tout en étant un bien meuble.

#Metoo est un moment et un outil formidables qui appellent à être dépassés par ce qui relève de la simple cohérence : dénoncer tous les patriarcats. Ce Moi-aussi victime doit être la première étape d'un Moi-aussi combattante, Moi-aussi féministe dans cette époque où « on se lève pour revendiquer la reconnaissance de son identité de victime qui devient une identité de combat [1] ». Dans cette époque de confusion et d'incohérence dans laquelle

1. Wassyla TAMZALI, *Une femme en colère, Lettres d'Alger aux Européens désabusés*, Paris, Gallimard, 2009.

la liberté est maintenant mise en avant pour justifier des régressions objectives, le slogan « Mon corps, mes choix » devient court. Wassyla Tamzali écrit : « La pensée féministe s'est imposée par sa capacité à renouveler le contenu de l'universalisme, et non parce qu'elle lui aurait tourné le dos. » Le renouveler en le faisant progresser, pour une émancipation individuelle et collective des femmes et des sociétés. Je n'étais pas une télécommande. J'ai refusé de l'être. Je suis partout à ma place. Même si une loi religieuse ou traditionnelle me met à la merci du pouvoir masculin. Je savais que j'aurais à affronter des hommes refusant de renoncer à ce pouvoir. J'ignorais qu'ils seraient aidés par des néoféministes, si combattives contre les hommes blancs, si complaisantes avec les hommes non blancs. Il n'y a pas de féminisme religieux. Il y a des femmes religieuses. Croire et pratiquer sont légitimes. L'aveuglement à la dimension patriarcale des religions ne l'est pas. Chères féministes, #Metoo, c'est pour moi aussi. Oui, toute Arabe et musulmane que je sois, c'est pour moi aussi.

## Chapitre 5

# C'EST UN MALHEUR D'ÊTRE FEMME. IL NE FAUT PAS RENONCER À CE MALHEUR

J'adore ce beau titre que l'écrivaine Marie NDiaye a donné à l'un de ses livres : *Trois femmes puissantes*. C'est une situation paradoxale dans les sociétés patriarcales. Les femmes sont l'objet du formatage religieux et traditionnel, puisque, élevant les enfants, elles sont le meilleur agent et garant de la continuité et de la perpétuation du système patriarcal. Elles sont le levier principal de toute évolution sociale. La puissance doit être entendue au sens géopolitique du terme, développée par Joseph Nye, soit notre capacité à faire adopter à autrui le comportement de notre choix. Les femmes sont donc à la fois puissantes et dangereuses. Il faut donc organiser leur impuissance, en mettant notamment leur puissance au service du système qui les aliène pourtant. C'est le tour de force de la religion, de la culpabilité ancestrale enseignée aux femmes, qui sont à l'origine de l'entrée du péché dans le monde, de la mort, de l'exclusion d'Éden, du déchaînement des malheurs, de la séparation des Beatles. Ève, Pandore ou Yoko Ono, tous les grands récits cosmogoniques placent la femme comme coupable de la fin du paradis, justifiant son entrée dans le monde une seconde après celle du premier homme, et son destin de subordonnée. Comme ce verset dans le troisième chapitre de la Genèse dans lequel Dieu dit à Ève : « J'augmenterai la souffrance de tes grossesses. C'est dans la douleur que tu mettras des enfants au monde. Tes désirs se porteront vers ton mari, mais lui, il dominera sur toi. » Les faits physiologiques deviennent un châtiment mérité. La hiérarchie patriarcale est installée. Et c'est le cas dans toutes les sociétés et toutes les religions, mono ou polythéistes.

Je racontais à ma mère *Enquête au paradis*, très beau documentaire tourné en noir et blanc en Algérie, réalisé par Merzak Allouache, qui met en scène Salima Abada, Younes Sabeur Cherif, Aïda Kechoud, qui interrogent hommes et femmes, jeunes et vieux, anonymes et intellectuels, sur ce à quoi ressemble le paradis, et ce que cette vision dit de la société algérienne. Aucune femme rencontrée dans la rue n'a voulu répondre sur le sort des femmes au paradis. Les hommes ont tous évoqué les vierges abondantes, les torrents de vin, les esclaves. La *Houri*, femme donnée en récompense dans le paradis décrit par le Coran et les hadiths, dépasse les trois mètres, est brune et a une peau très blanche. Cette couleur est associée à la beauté dans le Coran, comme dans la Bible, et non pas seulement dans la société occidentale. Comme ce passage du très érotique *Cantique des Cantiques* : « Je suis noire, moi, mais jolie, filles de Jérusalem, comme les tentes en poil sombre, comme les rideaux somptueux. Ne faites pas attention si je suis noireaude, si le soleil m'a basanée. » Si le paradis coranique est ce lieu de luxure pour les hommes, qu'en est-il pour les femmes ? Un imam français expliquait dans un prêche qu'au paradis, « les femmes n'auront plus leurs menstrues », cette infamie physiologique qui rend le corps des femmes impur dans toutes les cultures du monde. Les femmes doivent quitter le domicile conjugal pendant leurs règles au Népal. Les femmes juives ultra-orthodoxes doivent prendre un bain rituel pour signaler qu'elles ne sont plus impures et impropres à la consommation sexuelle au travers d'un drap trouvé. Les femmes musulmanes ne peuvent faire le ramadan pendant leurs règles puisqu'elles sont impures, et doivent rattraper les jours manqués après. Mais le tabou des règles étant ce qu'il est dans la culture arabo-musulmane, elles ne mangeront pas non plus pendant ces jours manqués pour ne pas signaler aux hommes qu'elles ont leurs règles... Je me rappelle d'une voisine qui racontait en pleurant à ma mère que sa dernière fille avait eu ses règles à 11 ans... Elle pleurait parce que c'était jeune pour entrer dans la vie de femme à surveiller, pour entrer dans cette vie de servitude. Au paradis donc, les femmes seraient guéries de ce qui s'apparente donc à un châtiment divin... Le même imam ajoutait qu'elles disposeraient d'esclaves pour les tâches ménagères. Mais vivraient-elles alors avec leurs maris et toutes ces *houris* à la peau blanche ? Pourront-elles boire de ce vin promis ? Je partageais donc ces réflexions avec ma mère, voilée, pieuse, faisant ses prières chaque jour, ayant accompli son pèlerinage à La Mecque. Elle me fit cette réponse typique de son pragmatisme : « Laisse tomber, c'est une religion pour les hommes faite par les hommes. » Pourquoi aucune femme n'a voulu répondre aux journalistes ? Pourquoi est-il toujours et partout si sulfureux et difficile de parler de bonheur quand il s'agit des femmes, en mission sur terre ? Le bonheur est aussi genré que le paradis.

Avant le paradis, il y a la vie sur terre. Comment les femmes peuvent-elles être puissantes dans des sociétés patriarcales aussi poussées que la société arabo-musulmane ? L'écrivaine et sociologue féministe marocaine Fatema Mernissi répond par un drôle de raisonnement. « Que les femmes occidentales croient que leur système est bon pour les femmes. Du fait qu'elles ont quelques avantages, elles ne voient pas tout le reste. Elles ne sont absolument pas les égales des hommes, mais se comportent pourtant comme si c'était le cas. Je trouve cela tout bonnement fascinant ! En Orient, je sais que les lois sont contre moi, donc, chaque minute, je veille à ne pas me laisser bouffer. » L'équité commande que la femme n'ait pas à parcourir plus de chemin qu'un homme, n'ait pas plus d'obstacles à dépasser que l'homme pour accéder à une opportunité. Pourtant, Fatema Mernissi ne combat pas ces inégalités, mais en fait la source de la puissance des femmes en Orient qui résiderait dans le « *kayd* ». Elle explique : « Ce n'est pas de la ruse, c'est pire. Les femmes orientales font peur, car elles sont dotées d'une intelligence subversive, opposées au pouvoir, au système. Elles sont reconnues comme intelligentes et stratèges quand il s'agit de détruire le pouvoir masculin. La première fois que je suis allée aux USA [...] j'ai été surprise de constater que la femme n'était pas supposée être aussi intelligente que l'homme. Je n'ai jamais ressenti cela dans un pays musulman. » Le système patriarcal oppressif qui l'oblige à ruser prouverait que la femme orientale serait l'égale de l'homme, selon une espèce de logique darwinienne qui verrait les femmes les moins rusées disparaître. Selon cette sociologue, la femme orientale, essentialisée, est Ulysse aux mille ruses. C'est ce qui lui vaut pourtant d'être placée en résidence surveillée et d'être traitée de sorcière, pas la sorcière sympathique et folklorique vantée par

Mona Chollet et les magazines féminins. Celle qui manipule l'homme et qui justifie sa subordination et la violence exercée sur elle. L'orientale fourbe ne relève pas du tout du cliché pour le coup... Et la sociologue ose conclure : « En Islam, la femme est considérée comme l'égale de l'homme. » Elle qui a grandi dans un harem [1] a pu éprouver, enfant, la véracité de cette sentence, parce qu'en effet, la femme peut elle aussi épouser et vivre avec quatre hommes. Elle peut les répudier facilement. L'héritage se fait à parts égales entre fils et filles... Les femmes ne devraient pas à faire plus d'efforts que les hommes pour vivre. Elles ne devraient pas avoir à se comporter comme des stratèges. Je repense à toutes ces mères arabes qui arboraient tous ces bijoux en or lors des mariages et des fêtes. Je les trouvais matérialistes et superficielles. J'ai compris après, en voyant le stock d'or de ma mère diminuer, que ces bijoux étaient le compte épargne des femmes, qui ne disposaient pas de revenus autonomes et encore moins d'un compte bancaire. Un coup dur ? Un bijou mis au clou ou vendu...

J'ai grandi avec deux figures de femmes puissantes malmenées par une société patriarcale arabo-musulmane en Algérie, et en France. C'est

1. Elle en a fait un livre, *Le Harem et l'Occident*, paru en France en 2001 aux éditions Albin Michel.

celle que je connais intimement, c'est donc d'elle que je parle. C'est aussi elle qui semble protégée de toute critique au nom de la tolérance. Les souffrances des femmes dans cette société sont innombrables.

Un simple exemple : ma grand-mère. Ma mère adorait sa mère. Je l'ai peu connue, elle est venue en France nous voir une ou deux fois. Ma mère nous a emmenés la voir en Algérie deux ou trois fois. J'avoue avec honte qu'elle est à l'origine de deux frayeurs ridicules. En visite chez nous, elle avait laissé son dentier sur le lavabo, je ne savais pas que ce dispositif existait, j'ai couru terrifiée vers ma mère pour lui parler de ces dents abandonnées... J'ai appris plus tard que lors de ces rares visites, mon père était très dur avec ma grand-mère et fouillait systématiquement son bagage la veille de son retour en Algérie, pour s'assurer que ma mère ne lui ait pas donné d'argent ou fait de cadeau...

Un été, ma mère allait en Algérie et nous avait emmenés mon petit frère et moi. Arrivée chez ma grand-mère, je m'étais cachée derrière ma mère, en pleurant. Elle m'en avait demandé la raison. Et j'ai menti en répondant que mes frères restés en France me manquaient... J'en ai honte, mais j'ai pleuré parce que j'ai trouvé ma grand-mère laide, j'ai eu peur de son visage plein de rides si profondes. Peur de ses manières brusques, de sa voix qui tonnait. À cause des pubs Werther's original, j'étais persuadée que tous les grands-parents avaient les cheveux blancs, fumaient la pipe, étaient aux petits soins avec leurs petits-enfants. Je n'étais pas bien finaude... On ne disposait pas de beaucoup de photos, je n'en ai vu qu'une de mon grand-père, même visage rayé, des dents en moins et un turban sur la tête. Le conditionnement par la télé...

Je me souviens du jour où ma mère a appris la mort de ma grand-mère. C'est là une grande douleur des immigrés : la mort au pays de leurs parents, enterrés le lendemain, selon le rite musulman, sans qu'ils puissent les voir. Et même si ma mère avait été en Algérie, elle n'aurait pas pu assister à la mise en terre de sa mère. Les femmes en sont exclues selon la même tradition. Les femmes ne savent pas se tenir, elles seraient hystériques. C'est aussi cela le patriarcat arabo-musulman, confisquer ce moment si important, alors qu'un simple voisin mâle pourra y être... Tradition... Le lendemain de la mise en terre, les femmes peuvent y aller. Ma mère y a depuis planté différentes fragrances. Dont elle ramène des brins à chaque visite en Algérie. Comme elle aimait sa mère...

Elle m'a parlé de sa mère plus tard, quand enfin j'ai posé des questions. J'en sais finalement peu sur ma grand-mère. Et c'est ma faute, il faut obtenir de nos parents tous leurs souvenirs, tout ce qu'ils savent. Ils sont vieux, abîmés par une vie de travail dur, ils disparaissent. Et ce n'est pas pendant notre enfance qu'ils avaient la tête à se raconter. Il y a là une mémoire à sauver. Et à transmettre. Cela intéresse moins que la colonisation sans doute. C'est pourtant notre histoire intime.

Et j'ai compris combien le destin des femmes arabes était de souffrir et de tenir bon envers et contre tout, pour leurs enfants. Ma grand-mère a été mariée à 13 ans, à un homme qui en avait 35. C'était la tradition. La nuit de noces, il l'a attachée au lit pour la violer. Mais c'était la tradition. Maltraitée – on n'aime pas un objet que l'on possède, que l'on a monnayé, que l'on asservit – elle s'est échappée. Elle ne pouvait retourner chez ses parents, qui l'auraient renvoyée auprès du mari, rien n'étant pire que de récupérer une fille qui n'est plus vierge... Sa sœur l'a accueillie. Ma grand-mère a pu se remarier plus tard, au père de ma mère, mort pendant la guerre d'Algérie. Un homme bon. Restée chez elle avec 7 enfants, ma grand-mère s'est démenée pour les nourrir. Tricotant, soignant, massant, vendant au marché ce qu'elle faisait. C'était dur, mais elle s'en sortait. Mes deux oncles se marièrent, ma mère aussi, à un homme méchant qu'elle ne verra que le jour du mariage. Ma mère me raconta qu'un jour ma grand-mère rentrée chez elle trouva son appartement vidé de toutes ses affaires. Mon oncle était venu tout prendre et avait décidé que dorénavant elle vivrait chez lui, parce que les voisins médisaient sur le fait que c'était contre l'honneur qu'une femme même âgée, même veuve, vive seule. Ma tante fut méchante avec ma grand-mère chaque jour de sa vie. Mon oncle ? Un salaud. En vacances chez lui, je le revois sortir acheter un morceau de viande pour lui. Que pour lui. Pas pour sa femme ; sa mère, ses enfants, ses neveux et nièces. Que pour lui. J'ai été très marquée par la vie de ma grand-mère, femme forte, adorée de ses filles, qui réussissait à se gagner sa vie, qui avait réussi à élever seule ses enfants, qui avait affronté tant d'épreuves, dont la mort de quatre enfants en bas âge des suites de maladies infantiles. On ne l'a pas laissée en paix. La société patriarcale commandait de la contrôler, de ne pas la laisser seule. S'est-elle jamais souciée d'être heureuse ? Mais c'est le temps ancien, les choses ont changé... ?

Ma grand-mère eut cinq filles. Deux sont mortes. Drames infinis pour ma mère et les deux sœurs qu'il lui reste. Ma mère avait une tendresse particulière pour sa sœur Séti, personnage qui ressemblait à ma grand-mère par ses manières brusques et sa voix, d'une générosité folle, adoptant à plusieurs reprises des enfants orphelins ou abandonnés. Elle connut deux époux. Le deuxième plus gentil que le premier. Quand elle est morte, celui-ci exigea pourtant que sa fille, ma cousine, lui restitue un bijou qu'elle tenait de sa mère, pour qu'il l'offre en dot à sa nouvelle épouse, ayant la moitié de son vieil âge. Il n'est pas resté seul très longtemps. Le pire étant qu'il y eut la cérémonie du drap ensanglanté. Je critiquai cette situation, et ma mère me répondit : « Tu crois quoi ? Il ne peut pas rester seul. Qui va lui faire son café et cuisiner ? » Toujours cet incroyable pragmatisme chez ma mère, qui lui fait adopter des postures d'indépendance féministe et en même temps, trouver normal que la femme serve d'abord d'EHPAD personnalisé et miniaturisé à ces vieux du bled. Je ne comprenais pas comment une femme de moins de 40 ans pouvait avoir accepté d'épouser ce vieillard de 80 ans. « Tu ne sais vraiment rien de la vie là-bas, tu ne sais pas comme c'est dur, aucun jeune ne voulait d'elle, elle était l'esclave domestique de ses parents, là elle dirigera son foyer », me rabroua ma mère. Et en effet, elle est en passe de chasser de la maison mon cousin gravement malade et handicapé...

J'ai longtemps trouvé que le système de dot pratiqué par les Arabes était supérieur à celui pratiqué dans les sociétés asiatiques. Il explique l'absence d'infanticides féminins dans les pays arabes, à l'inverse de ce qui se produit en Inde par exemple. La fille rapporte chez les musulmans : la famille du mari devant s'acquitter de cadeaux vis-à-vis de l'épouse et de sa famille. La fille coûte chez les Hindous : c'est à la famille de la mariée de payer pour qu'on l'en débarrasse. Dans les deux cas, la femme est un objet transférable dans une transaction entre deux familles. La femme a son mot à dire de nos jours, y compris en Algérie. Ma mère a l'habitude de dire qu'elle choisit son mari, alors que ce choix a simplement consisté à dire oui. Les filles ne pouvant fréquenter les garçons, c'est un choix bien limité qui s'offre aux femmes. C'est le seul qui leur permet de ne plus vivre avec leurs parents. Avec toujours ce pouvoir exorbitant laissé aux hommes. Mon père a pu avoir six épouses successives et sept mariages religieux, et a même pu en chasser une le lendemain du jour des noces. Mes frères interdirent tout remariage à ma mère qui n'avait pourtant que 40 ans quand elle fut abandonnée, qui subvenait à nos besoins en travaillant si dur. Ça ne se fait pas. Les hommes peuvent. Les femmes, ce n'est pas pareil, tout l'honneur de la famille serait mis en cause... Des hommes qui peuvent divorcer pour un rien. À l'inverse des femmes. La société maghrébine est profondément misogyne, sexiste, brutale, inégalitaire et patriarcale.

En faire le constat ne conduit pas à penser que la société occidentale serait un havre égalitaire. En faire le constat ne revient pas à trahir nos origines, nos familles, notre histoire. Dénoncer ces inégalités ne doit pas faire de nous des traîtres au service de la France contre le bled. Il s'agit d'être honnête. Il s'agit d'un simple constat. Toutes les sociétés sont patriarcales. Les sociétés les plus religieuses le sont encore plus, avec l'assentiment des femmes elles-mêmes. Et pourtant, quand il s'agit du patriarcat arabo-musulman, nous sommes sommées de taire nos critiques, de suspendre notre vigilance, de fermer les yeux. Le pire étant que le silence est exigé sur ce qui se passe là-bas, mais aussi sur ce qui se passe ici. Quand on est féministe, on combat tous les patriarcats ou on n'en combat aucun. Et on ne se laisse pas abuser par l'alibi de la religion et de la culture. Que chacune et chacun fasse son examen de conscience à l'aune de ces deux questions de l'artiste féministe algérienne Wassyla Tamzali : « Comment, et où, pouvons-nous trouver le droit d'être des hommes et des femmes libres, sinon dans la résistance à notre culture, à nos traditions religieuses quand elles sont contraires à ces principes ? À quoi ont-ils eux-mêmes arraché ces droits, sinon à leurs Églises, leur religion, leur culture, leurs traditions [1] ? »

1. Wassyla TAMZALI, *Une femme en colère*, p. 67.

Chapitre 6

# AI-JE SEULEMENT LE DROIT DE PARLER ?

Les *Social Justice Warriors* se disant progressistes prétendent lutter contre l'invisibilisation des personnes non blanches, en leur restituant notamment un droit à la parole, une parole libérée, et en les réinstaurant comme acteurs/actrices et narrateurs/narratrices de leur histoire. Ce qui s'est traduit par le slogan de « la parole aux concerné.e.s », dont le corollaire est l'accusation d'appropriation culturelle ou émotionnelle. Vous n'êtes pas « Africaine », terme générique effaçant, aussi bien que la colonisation s'est évertuée à le faire, les millions d'histoires et d'expériences de vie différentes des habitants et des immigrés de ce continent, vous n'avez pas le droit d'évoquer cette histoire, pas le droit d'arborer des tresses africaines, ou de porter du tissu à motif wax, etc. Pour permettre cette prise de parole des « dominés », des espaces de non-mixité ont été revendiqués et mis en place, par exemple lors de rassemblements syndicalistes (Sud, UNEF) ou associatifs (collectif afro-féministe Mwasi).

Mais ce n'est pas la parole des « racisés » qui intéresse ou est mise en valeur. Seule l'opinion que les SJW défendent et agréent est autorisée. Ils restent les prescripteurs de ce qui est juste et légitime de dire. Y compris face aux non-Blancs qui osent les contredire, ou penser différemment. Ces *progressistes* vont jusqu'à nous expliquer que nous n'avons pas compris à quel point nous étions dominés, qu'ils allaient nous instruire jusqu'à se porter garants et contrôleurs de ce qu'est un enfant d'immigré authentique.

Ils pensent alors *nègre de maison*, mais leur bouche diplômée en sciences sociales prononce le qualificatif tout aussi infamant de « *native informant* ». C'est une notion que les études postcoloniales ont forgée pour désigner les personnes de couleur qui, parce qu'elles chercheraient à s'intégrer à la société blanche à tout prix, prolongeraient l'expérience coloniale et esclavagiste, surcompenseraient un complexe d'infériorité à l'égard des Blancs, en imitant ces derniers pour leur plaire et être reconnus par eux, trahissant leurs semblables et leur identité de sujet postcolonial, de Noir, d'Arabe, de musulman. En fait, cette notion est l'élément de langage pour désigner les *nègres de maison*, les *rented negroes*, les *bounty*, les *blanchis*, les *collabeurs*, *les oncles Tom*, les *collabeurettes et collabeurs*, les *harkiettes*, le *Stephen* du film *Django Unchained*, personnage odieux du Noir tyran des siens au profit de la famille esclavagiste, tous termes fleuris dont je suis régulièrement gratifiée, et souvent par des SJW blancs.

L'analyse de cette disposition psychologique de soumission du « *native informant* » est attribuée à Frantz Fanon dans son livre *Peau noire, masques blancs*. Elle recoupe aussi les déclarations de Malcolm X sur la différence entre les « nègres de maison », *sous-nègres*, soumis, soucieux de plaire aux maîtres et donc complices de leur domination et *les nègres des champs*, plus vigoureux, authentiques, rétifs à cette soumission. Selon cette classification binaire, Martin Luther King serait un nègre de maison, que seul l'assassinat par un raciste blanc protège de cette accusation, et Malcolm X, un nègre des champs, en dépit de son assassinat par des racistes noirs au service de racistes blancs. Ce dernier expliquait : « L'homme blanc prend un Nègre, un soi-disant Nègre, et en fait une personnalité importante, il le construit, il parle de lui et il fait de lui une célébrité. Au final, celui-ci devient un porte-parole pour les Nègres et un leader nègre [1]. »

Mais « *native informant* », c'est plus chic. Ou comme l'écrit Houria Bouteldja, qui a usé récem-

1. « Message to the Grassroots », discours public prononcé le 10 novembre 1963, lors de la Northern Negro Grass Roots Leadership Conference, à Detroit, Michigan.

ment de cette expression pour qualifier la romancière Leïla Slimani, « ça pète sa mère ». Pensez donc, c'est scientifique. C'est aussi de cette expression dont Pascal Boniface, directeur de l'IRIS, a usé pour qualifier l'imam Chalghoumi, dans un article datant de 2013 [1]. Capture d'image : un bourgeois blanc qualifie un Arabe musulman et immigré tunisien de nègre de maison. Il lui conteste la légitimité de sa prise de parole. Il en donne pour preuve son faible nombre de *followers* sur Twitter et de *likes* sur Facebook. Cela va plus loin : un bourgeois blanc prétend apprendre à un immigré musulman à être un bon immigré, un Arabe et musulman authentique. Et ce n'est pas du paternalisme et du colonialisme du tout. Parce que c'est un bon bourgeois blanc de gauche qui veut faire l'éducation de l'Arabe, pour le remettre sur le bon sentier de l'arabitude et de la musulmanitude. Cette expression de « *native informant* », « d'informateur indigène », en fait de vendu aux Blancs est surtout l'alibi scientifique utilisé pour faire taire les dissonances au sein des immigrés et de leurs descendants et pour s'assurer de leur hyper-conformité et de leur loyauté vis-à-vis de leur communauté, que le SJW fantasme et imagine unanime, le groupe n'apparaissant que comme fait

1. « Comment l'imam Chalghoumi renforce malgré lui les préjugés sur les musulmans », *le Plus de l'Obs*.

d'un seul bloc. L'individualité est un privilège blanc, il faut croire... Le non-Blanc qui fait entendre un son de cloche différent de celui admis par les SJW est vu et mis en accusation comme dissident, allié objectif de la domination blanche, traître à sa communauté puisqu'il trahit la cause politique de cette communauté : l'opposition au pouvoir blanc.

Aux yeux de l'égérie du PIR, Leïla Slimani serait donc une *native informant*, parce qu'elle a osé faire de la misère sexuelle et de la place de la femme dans l'espace public au Maroc le sujet de son précédent ouvrage [1]. Leïla Slimani est accusée de n'écrire ce document que pour fournir aux Blancs ce qu'ils veulent : des critiques sur les Arabes et les musulmans du Maroc. Leïla Slimani ne prétend pourtant pas se faire la porte-parole de qui que ce soit, elle écrit en tant que journaliste qui a mené une enquête. Mais c'est trop pour la dame du PIR. Dans la même logique, pour Pascal Boniface, l'imam Chalghoumi est un *native informant*, un *rented negro* parce qu'il défend un islam modéré, validant ainsi les stéréotypes des Blancs, et nuisant donc aux musulmans, dans un raisonnement assez vertigineux. Parce que Pascal Boniface sait ce qu'est un vrai musulman. Parce que Houria Bouteldja sait mieux que Slimani

1. Leïla SLIMANI, *Sexe et Mensonges. La vie sexuelle au Maroc*, Les Arènes, 2017.

ce qu'il se passe au Maroc. Leïla Slimani est Marocaine, elle y a vécu. Elle est journaliste et sait conduire une enquête. Mais comme elle ne transmet pas le bon message, elle n'est pas légitime, elle n'a pas le droit à la parole parce que cette parole renforcerait la domination des Blancs, trop heureux de voir leurs préjugés ethniques illustrés.

Je suis moi-même accusée de ne tenir le discours que je tiens que pour passer à la télé. Mais faisons les comptes. Et le CSA qui veille à l'équité du temps de parole entre les partis politiques devrait s'intéresser à celle des enfants d'immigrés, de manière qualitative, sans se contenter des taux de mélanine. Qui passe le plus à la télé ? Qui fournit le plus le récit attendu et plébiscité par les médias *blancs* ? Il suffit de consulter la liste des invités de l'émission de Karim Rissouli, de Clique TV, des chaînes d'infos ou de *28 minutes*. Qui vit de la cause indigéniste ? Qui perçoit et accapare les financements européens [1] ? La construction du stéréotype est achevée par les SJW : l'enfant d'immigré authentique, AOP-AOC, doit être un bon musulman, un bon musulman est un musulman orthodoxe et conservateur. La fille d'immigrés authentique doit être est une musulmane. Une bonne musulmane est orthodoxe, donc

1. Le CCIF se vante de toucher des financements de l'UE pour traquer sur Internet des discours de haine « islamophobes ».

une femme voilée. La fille d'immigrés authentique, qui se respecte, est donc une femme voilée. CQFD. Elle ne respecte sa vérité d'être que dans la mesure où elle tient son rôle, qu'elle reste à sa place dans sa communauté : elle doit être hyperconforme à ce que les leaders orthodoxes de la communauté attendent d'elle. Les médias et les intellectuels accommodants prêtent leur concours à ce que George Steinmetz appelait la « retraditionnalisation », qui se traduit par une altérité construite de toute pièce, ou plus précisément reconstruite d'après une représentation ethnographique. Quelle erreur... historique : ce sont les SJW et les indigénistes qui rejouent le processus colonial. Le discours sur l'authenticité, porté de nos jours par les indigénistes, était tenu par l'administration coloniale : « La politique indigène moderne était une réponse à ce biculturalisme supposé, à cette propension des colonisés à changer de code et à manier l'imitation habilement. La politique indigène essayait de faire adhérer le "sujet colonisé" à une définition constante et uniforme de sa propre culture et de l'empêcher de passer de manière stratégique d'un code culturel à un autre [1]. » La politique indigène est obsédée par la pureté et reconstruit

1. G. STEINMETZ, *Le champ de l'État colonial. Le cas des colonies allemandes* (Afrique du Sud-Ouest, Qingdao, Samoa), Actes de la recherche en sciences sociales, 1/2008 (n° 171-172), p. 122-143.

l'altérité au bénéfice des dominants. Les Indigènes de la République ont eu raison de s'appeler ainsi, puisqu'ils prolongent l'action coloniale et sa logique d'assignation à résidence identitaire : « La politique indigène peut être définie comme étant l'ensemble des efforts mis en œuvre par l'État colonial pour définir le caractère et la culture du colonisé de manière stable et uniforme (même si cela implique de modifier leur culture) ainsi que l'ensemble des efforts déployés pour pousser les colonisés à agir conformément à ces définitions [1]. »

Cher CSA, chers médias progressistes, représenter la diversité, ce n'est pas inviter un Noir ou un Arabe face à un Blanc. C'est inviter sur le même plateau un Noir de gauche et un Noir de droite, un Arabe indigéniste et un Arabe républicain. La diversité d'opinions n'est pas l'apanage des Blancs. Le droit à la dissonance ne vous est pas réservé. Notre cerveau n'est pas dans notre épiderme, tout comme celui des femmes n'est pas dans leur utérus. Il n'y a pas une seule opinion parmi les femmes, et une seule opinion parmi les non-Blancs. C'est pourtant ce que les médias installent. C'est l'opposition binaire que se plaît à installer *L'Obs*, qui fait débattre le *mâle blanc* Clavreul avec la femme indigène Bouteldja, la

1. *Ibid.*

Blanche Caroline Fourest et la Noire Rokhaya Diallo. On veut faire croire que l'universalisme et l'attachement à la République sont des opinions de blancs et installent un schéma chromatique. Il y a pourtant plus d'intersectionnels et d'indigénistes blancs que d'universalistes Blancs. Et, quel étonnement cela va susciter, il y a des non-Blancs républicains et universalistes. Pourquoi ne pas faire débattre Tania de Montaigne avec Rokhaya Diallo ? Zineb El Rhazoui ou Abnousse Shalmani avec Houria Bouteldja ? Je ne m'attends pas à être sollicitée. Et pour me discréditer, on met en avant mon impétuosité, mon vocabulaire qui serait fleuri, mon incapacité à débattre calmement. Je suis la sauvage de quartier, mais de celle qui ne plaît pas aux progressistes. Ils aiment Meklat et son double maléfique. Il fallait les voir ressentir ce frisson de transgression quand il tenait ses propos homophobes et antisémites. Mais moi, je ne suis pas assez policée. Frédéric Taddeï a reçu Bouteldja, Matzneff, Marc-Édouard Nabe. Mais il m'a exclue d'une émission d'Europe 1 dont le thème portait sur la neutralité des accompagnants de sorties scolaires. Pardon, une émission sur les mamans voilées. Je devais y débattre avec deux tenants du courant indigéniste, Nicolas Cadène, de l'Observatoire de la laïcité, et Laurence De Cock. Je suis enseignante à temps plein, contrairement à eux. J'ai plus écrit sur le sujet qu'eux. Je peux même affirmer que je suis une des meilleures spécialistes de ce sujet. Accessoirement, et reprenons la grille de lecture des SJW, je suis une fille d'immigrés algériens, d'éducation et de culture musulmane, dont plusieurs membres de la famille sont voilés. Eux sont des grands bourgeois blancs. Ils ont eu la parole. J'ai été virée. À leur demande, les deux prétendant avoir été insultés par moi sur les réseaux, ce qui était un pur mensonge. C'est pourtant Laurence De Cock qui se permettait d'ergoter sur ma « schizophrénie », ou qui m'humiliait par ce Tweet de décembre 2017 : « L'écrivain Fatiha Boudjahlat j'ai pas lu la Tribune ça me suffit. » La violence de ce mépris de classe, qui s'ajoute à la violence de l'acceptation de ce mépris par les bonnes gens... Alors je reprends l'ouvrage d'Axel Honneth et son analyse de ce mépris, de cette blessure morale à l'œuvre dans « le sentiment qu'éprouve le sujet de ne pas avoir le statut d'un partenaire d'interaction à part entière, dotée des mêmes droits moraux que ses semblables [...] l'individu est blessé dans son attente intersubjective d'être reconnu comme un sujet capable de former un jugement moral[1]. » La pensée d'Axel Honneth irrigue les thèses multiculturalistes et indigénistes sur la valorisation des minorités. Dans les faits,

1. *La lutte pour la reconnaissance*, p. 227.

cette humiliation et cette invisibilisation sont le fait des personnes qui prétendent lutter contre.

Ces bourgeois blancs progressistes gagnent toujours à la fin. Privilège de classe plus que de couleur à mon sens. Je ne serai jamais confrontée à eux dans ce débat, pas plus qu'aux tenants « racisés » du discours indigéniste. Pas parce que je ne sais pas me tenir. Mais parce qu'ils ne peuvent m'opposer les arguments faciles et misérabilistes dont ils peuvent user face à des Blancs. Je suis concernée. Je suis « racisée ». Je suis Maghrébine et musulmane. J'ai connu la misère. J'ai grandi avec sept frères. L'un d'entre eux a fait 14 ans de prison en trois condamnations. J'ai témoigné en sa faveur devant une cour d'assises. J'ai subi sa colère quand j'essayais d'expliquer et d'atténuer la gravité de ses actes en racontant notre pauvreté, l'extrême violence dans notre famille et l'abandon de notre père. Nous avons dépendu des années des Restos du cœur (j'en ai gardé une tendresse proustienne pour le Corned-Beef), le Secours catholique nous a habillés des années durant. J'appartiens au milieu populaire immigré dont ces bons *bwanas* prétendent se faire les hérauts et œuvrer à lui donner une visibilité médiatique. Une histoire de traumas comme ils les aiment, dont je tire un destin différent de celui qu'ils attendent. C'est bien parce que je ne pense pas comme eux exigent que je pense, parce que je ne reste pas à la place qu'ils m'assignent, que je suis humiliée, disqualifiée, effacée. Cette violence-là n'est jamais dénoncée, elle est pourtant douloureuse.

Ces prescripteurs de vertu vont jusqu'à poser et imposer l'alternative entre la loyauté et la trahison, entre ce que l'origine commande d'être et ce que l'émancipation et l'autonomie permettent d'être. La réussite des enfants d'immigrés leur offre un démenti insupportable. Surtout lorsque ces enfants d'immigrés viennent concurrencer les enfants de bourgeois blancs sur le marché scolaire et professionnel. Rien de plus efficace pour masquer et conserver ses privilèges de classe, que de se faire le porte-parole, et quelle jouissance morale ils éprouvent alors, des bons sauvages que l'on invite, comme des anthropologues du dimanche, à entrer dans le folklore et la lutte des races. Leïla Slimani leur est odieuse. Née au Maroc, fille d'une Franco-Algérienne et d'un Marocain, elle aurait dû prêter sa voix à la campagne de haine contre la France et la République. Son exemple est d'autant plus insupportable pour les indigénistes qu'elle a reçu un prix littéraire, pas un prix d'existence. Elle a été reconnue, et quelle reconnaissance, le prix Goncourt, pour une œuvre littéraire et pas pour ce qu'elle est. Elle a créé une œuvre de fiction, elle n'a pas écrit une œuvre autobiographique. Que les médias aiment les témoignages de victimes ! C'est si folklorique ! Cette réussite-là, les indigénistes la contestent ou en font la rançon de la soumission.

Leïla Slimani est intéressante à plus d'un titre. Elle est talentueuse, comme journaliste et comme écrivaine. Et parce qu'à mon sens, elle se prête à une analyse de classe. Elle reste bourgeoise avant d'être une « racisée ». Quand elle explique à une Élisabeth Quint conquise, que les mamans voilées sont en effet stigmatisées et souffrent en France, qu'elle-même ne porterait jamais le voile, mais que les autres femmes ont le droit de le porter ; c'est toute l'incohérence de la grande bourgeoise qui apparaît. Elle refuse le voilement pour elle, pour ce qu'il signifie de sexisme et de destin second. Mais par contre, elle ne voit pas de problème à ce que les Autres, en dehors de sa famille, des siens, de sa classe sociale, s'en revêtent. Ce qui est bon pour ces femmes autres n'est pas assez bien pour elle et ses proches. Mais c'est assez bien pour cette catégorie multi-dominée des autres femmes. Constater les ravages de l'orthodoxie religieuse et du patriarcat au Maroc dans un livre, mais défendre leur perpétuation en France quand il s'agit des femmes des classes inférieures, ne lui pose pas un problème moral ou de cohérence. C'est pourtant le fameux *Not in my backyard !* C'est un féminisme bourgeois à géométrie variable. La lecture de classe sociale est bien plus intéressante que celle de « races ».

Cette expression de *native informant* est raciste, elle n'est pas une clef de compréhension : elle désigne comme traître, faux Arabe, faux musulman, nègre de maison tous les individus qui portent une voix dissonante dans leur communauté. Elle assigne l'individu à résidence communautaire. Elle éteint la critique et la diversité interne aux groupes. Elle favorise les plus orthodoxes qui passent pour les plus authentiques. Ce faisant, ce sont toujours des Blancs qui choisissent leur interlocuteur, se font les prescripteurs du bon et du juste. C'est ce pouvoir exorbitant et jalousement conservé qu'il faut attaquer, contester, mieux partager.

Et comme d'habitude, ils lisent à moitié les textes dont ils se revendiquent. Il suffit de lire la conclusion de *Peau noire, masques blancs*, pour comprendre que son auteur, Frantz Fanon n'est pas dans la morbidité, et qu'il désavouerait les indigénistes actuels. Sa conclusion vaut feuille de route universaliste :

> Ce n'est pas le monde noir qui me dicte ma conduite. Ma peau noire n'est pas dépositaire de valeurs spécifiques. Depuis longtemps, le ciel étoilé qui laissait

Kant pantelant nous a livré ses secrets. Et la loi morale doute d'elle-même. [...] Je n'ai pas le droit, moi homme de couleur, de souhaiter la cristallisation chez le Blanc d'une culpabilité envers le passé de ma race. Je n'ai pas le droit, moi homme de couleur, de me préoccuper des moyens qui me permettraient de piétiner la fierté de l'ancien maître. Je n'ai ni le droit ni le devoir d'exiger réparation pour mes ancêtres domestiqués. Il n'y a pas de mission nègre ; il n'y a pas de fardeau blanc. [...]

Ma vie ne doit pas être consacrée à faire le bilan des valeurs nègres. Il n'y a pas de monde blanc, il n'y a pas d'éthique blanche, pas davantage d'intelligence blanche. Il y a de part et d'autre du monde des hommes qui cherchent. Je ne suis pas prisonnier de l'Histoire. Je ne dois pas y chercher le sens de ma destinée. La densité de l'Histoire ne détermine aucun de mes actes. Je suis mon propre fondement. Et c'est en dépassant la donnée historique, instrumentale, que j'introduis le cycle de ma liberté. Le malheur de l'homme de couleur est d'avoir été esclavagisé. Le malheur et l'inhumanité du Blanc sont d'avoir tué l'homme quelque part. Sont, encore aujourd'hui, d'organiser rationnellement cette déshumanisation. Mais moi, l'homme de couleur, dans la mesure où il me devient possible d'exister absolument, je n'ai pas le droit de me cantonner dans un monde de réparations rétroactives.

Frantz Fanon est sans doute un nègre de maison...

# CONCLUSION

J'ai eu la chance d'être invitée par Laure Adler dans son émission *L'heure bleue* sur France Inter, face à Rebecca Amsellem. Nous avions toutes les eux une actualité éditoriale. J'ai d'ailleurs pris le temps de lire son livre. L'ouvrage vaut son pesant de cacahuètes. On y trouve une étape devenue incontournable dans la *feel good junk* philosophie de ces néoféministes : la recension et la critique de la série *Friends*. Série iconique, critique facile. De là à y consacrer un chapitre à base de critiques faciles sur la grossophobie, la transphobie, l'homophobie... L'Italien paresseux et dragueur, la blonde délurée et sotte, voilà deux stéréotypes qui ne sont pas dénoncés. Le père de Chandler est transsexuel, expérience difficile pour son fils qui l'accepte. Ross voit sa femme le quitter pour une autre femme qu'elle épouse. Voilà des éléments qui auraient pu être relevés. Mais non, il faut absolument soulever du « problématique ». Terme incontournable dans la phraséologie des Social justice warriors. Vous soumettez des productions anciennes aux critères moraux actuels et le tour est joué. Attention cependant à éviter les pièges : la Bible par exemple est problématique. Mais pas le Coran. Reste que vous aurez plu au lectorat en évoquant une série iconique, mais aussi en l'associant à votre déploration. J'aimerais bien savoir faire léger. Je n'y arrive pas. Parce qu'il n'y a rien de léger quand on doit surmonter des obstacles sans fin, lutter contre ses conditions sociales de vie, contre son milieu culturel, contre les pesanteurs patriarcales et contre le chantage à la loyauté pour oser s'autoriser à être libre, s'autoriser à exister comme individu, s'autoriser à être heureuse, dans le présent, ici en France.

Pendant cette émission, Laure Adler a évoqué une différence générationnelle entre Rebecca Amsellem et moi, qui pouvait expliquer que je défende un féminisme universaliste et elle un féminisme intersectionnel. Trois ans nous séparent, Rebecca Amsellem et moi. Pas vraiment une génération, mais en effet un fossé dans les conditions de vie, d'études, de travail et dans la vision du féminisme... Son doctorat en économie ne fut pas évoqué, qui pourtant lui permet, avec un grand talent que je lui reconnais volontiers, de multiplier les produits dérivés de son militantisme et d'en vivre confortablement. C'était assez ubuesque pourtant : j'étais renvoyée au féminisme *old school* des bourgeoises blanches, moi la fille d'immigrés algériens, ouvrier intérimaire et femme de ménage, cependant que Rebecca Amsellem incarnait ce féminisme moderne et inclusif... Mieux vaut en rire. Et apprendre de leur légèreté pour rendre le féminisme universaliste désirable, moderne. Lui reste éminemment subversif. Contrairement à son pendant dit inclusif, il ne limite pas l'horizon et la dignité des femmes à sa couleur, à sa religion, créant ainsi un système à vitesses multiples. Il n'est pas abrasif. Dans mon parcours de vie, je n'ai rien de commun avec Élisabeth Badinter, hormis l'essentiel : le combat pour l'émancipation individuelle et collective. Elle n'est pas ma sœur, elle est une amie et une camarade combat. Elle n'accomplit pas un acte de charité quand elle me parle. Je suis son égale. Et c'est la seule reconnaissance qui vaille.

Je nourris des regrets. Celui de ne pas parler l'arabe, enfin, le dialecte oranais pour être plus juste. J'ai suivi des cours d'arabe dans le cadre de l'ancêtre des EILE/ELCO, cet enseignement culturel et linguistique confié à des envoyés des consulats, pour suivre une directive des années 1970 de l'Union européenne. Celle-ci rendait obligatoires ces cours, dans la perspective d'un retour au pays d'une main-d'œuvre de travail. Ceux qui défendent ces dispositifs défendent en fait l'exploitation d'une main-d'œuvre immigrée et le retour au pays de milliers de familles. À mon époque, ces cours avaient lieu dans mon école primaire, et sur le temps des cours d'histoire géo. On y apprenait l'arabe et à aimer l'Algérie. Mon frère, turbulent, recevait sans cesse des coups de règle en bois. Je ne me souviens plus de la raison pour laquelle on a arrêté d'y aller. Je comprends ma mère et mes tantes, mais je leur réponds en français. Je ne comprends pas ma voisine de Sétif, et ma voisine tunisienne encore moins. Je suis assez à l'aise dans mes baskets pour percevoir la perte culturelle que mon incompétence linguistique représente. Je mesure les enjeux de la transmission culturelle en situation d'immigration. Mais ce n'est pas l'islam qui est menacé. Une religion pratiquée par plus d'un milliard de fidèles n'est pas menacée. Ou alors par ses propres extrémistes. C'est bien la culture de nos parents qui disparaît. Parce que nous nous en sommes détachés, oui. Mais c'est aussi parce que des experts en religion, en identité, en AOC présentent cette culture comme inférieure, chimiquement impure. Nos parents ont emporté ce qu'ils pouvaient du bled, ont pris ce qu'ils voulaient de la France. C'est une culture vivante, en matériaux composites. Nous-mêmes avons encore modifié cette culture. C'est l'essence de la créolisation. Nous ne sommes pas dans la restitution conforme, nous ne dressons pas des mausolées. Nous fabriquons. Et c'est à la fois vital et de bric et de broc. Nous, enfants d'immigrés, sommés de toute part de donner des gages de conformité ou de soumission, nous devons refuser tous ces chantages et nous autoriser à vivre et à vouloir être heureux.

# Table des matières

*Introduction* 11
Jérémiades 11
Nostalgie 13
Algérie 14

Chapitre premier – « Fais-leur savoir d'où tu parles » 27

Chapitre 2 – « Au bled, ça coûte rien » 37

Chapitre 3 – « C'est normal, seul Allah guérit » 61

Chapitre 4 – Un #Metoo mondial, mais que pour les femmes blanches ? 77

Chapitre 5 – C'est un malheur d'être femme. Il ne faut pas renoncer à ce malheur 101

Chapitre 6 – Ai-je seulement le droit de parler ? 117

*Conclusion* 135

Imprimé en France par CPI
en mars 2021

Composition: Le vent se lève...

Dépôt légal : avril 2021
N° d'impression : 163202